여영시의
동양문화 다시 읽기

여영시의
동양문화 다시 읽기

여영시 지음
김병환 옮김

교육과학사

옮긴이의 말

여영시 선생의 이 책을 처음 번역하여 출간한 것이 2007년 여름 미국으로 연구년을 떠나기 직전이었는데, 다시 개정 증보판을 내놓게 되니 감회가 새롭다. 더구나 올 여름 듀크 대학으로 연구년을 가기로 한 상태이다 보니, 이 책과 역자가 묘한 인연을 가지고 있는 느낌마저 든다.

이 책은 중국문화와 현대생활에 대한 대중 강연으로 기획되었다. 중국학의 대변자로 손꼽히는 여영시 선생은 동서비교 문화적 시각에서 동서양의 문화적 차이를 일반인도 쉽게 이해할 수 있도록 설명하고 있다. 강연 원고가 몇 차례 수정되고 보강되는 동안, 중국문화 전반에 깊은 통찰을 겸비하고 있는 여영시선생의 학문적 원숙함으로 인해서 나름대로 전문성도 갖춘 수작(秀作)으로 거듭나게 되었다. 이 책에서 여영시 선생이 다루고 있는 큰 주제는 한자 문화권에서 형성된 전통문화의 현대적 의의, 즉 동양문화가 현대인의 삶에 어떤 의미를 지니는지, 이 두 가지는 과연 병존 가능한지 하는 것이다. 이 큰 주제 하에서 여영시는 동서 가치근원의 차이, 동양전통과 민주주의, 동양전통과 과학의 관계, 자아관, 생사관 그리고 동양 지식인이 나아갈 길 등, 오늘날 많은 사람들이 궁금해 하는 문제를 막힘없이 풀이해나가고 있다.

이런 문제는 모두 서양문화의 수용과 관련되어 있다. 일반적으로 여영시 선생이 여기서 개진하고 있는 동서 문화에 대한 분석과 평가는 단순한 절충주의적 시각을 넘어 객관적이고 원융(圓融)적인 지평을 제시하였다고 인정된다. 그래서 중국어권에서는 본서를 5.4 운동 이래 계속되어 온 '중서(中西)문화논쟁' 에 종지부를 찍는 것이라 극찬하기도 하고, 최소한 5.4운동 이래 이 문제를 다룬 가장 합리적이고, 객관적인 저술이라 평하고 있다.

이 책에서 여영시는 서양을 외재초월 형태의 문화권으로, 한자 문화권의 동아시아를 내향초월형 문화 형태로 규정짓는다. 즉, 초월적 신이나 실체, 본체 개념을 정점으로 전개된 서구 문명을 외재초월 형으로, 내면적 덕성의 완성이라는 문제에 주력해서 내면의 완성에 보다 관심을 보인 동아시아 문명을 내향초월 문화 형으로 정의하였다. 전자는 플라톤적 이데아계와 경험계, 기독교적 천상의 신국(神國)과 지상의 인간계, 칸트적 본체계와 현상계 등의 이원론적 형이상학을 근간으로 하여 인간도 영과 육, 정신과 육체, 이성과 감정이라는 이원론적 긴장 관계 속에서 이해한다. 후자는 이런 이원론적 세계관을 지양하여 신이나 궁극적 실체 개념 대신에 도나 자연의 개념을 사용할 뿐 아니라, 이들과 인간의 분리 혹은 둘 사이의 긴장이 아닌 융화를 추구하는 일원론적 세계관을 지향한다. 즉 자연과 인간은 하나이며, 도는 근본적으로 우리들의 삶에 내재하는 것으로 물 긷고 밥 짓는 일상 속에 깃들어 있다. 육체를 가진 우리들에게 구원은 외부의 은총으로부터 오는 것이라기보다는 우리 내부의 도덕 주체를 밝혀 굳건히 확립하는 데서 시작된다. 진정한 깨달음은 이를 삶의 일상 속에서 자연스럽게 표출하는 것에 있다. 깨달음은 '욕구하는 대로 마음을 따라가도 도리에 어긋남이 없었다〔從心所欲不踰矩〕' 라는 경지에 듦에 의해서 실현된다. 욕구를 억누르고 외부의 규범에 맞추는 것이 아니라, 욕구가 도덕심과 하나가 되어 있는 정신 경계를 실현하는 것이 내향초월 문화의 지식인이 지향하는 궁극 목표가 된다. 사실 이런 문제들은 동서 문화의 차이를 설명할 때 언급될 수밖에 없는 핵심 개념들이지만, 일반인들에게는 쉽게 접근하기 어려운 면이 있는 것이 사실이다. 동서 문명 차이를 효과적으로 설명해내기 위해서, 그것도 쉽게 대중에게 전달하기 위해서는 반드시 풀어내야 할 이 다소 복잡하게 얽히고 설킨 실타래가 여영시의 학해(學海)에서는 물 흐르듯 쉽게 풀려나가고 있다.

독자들을 위해 밝혀 두어야 할 것이 있다. 먼저 원서에는 주석 없이 몇 개의 주만을 본문 중 괄호 안에 처리하였지만, 본문에서는 독자의 편의를 돕기 위해 적지 않은 주를 첨가하였다. 또 본문에서는 '내향초월' 이라 번역 되었지만 원서에서는 '내재초월' 이라 표기되어 있다. 여영시 선생이 특별히 '내재초월' 대신에 '내향초월' 로 표현해 줄 것을 역자에게 부탁하였는데, 최근 대륙에서 출간된 여영시 전집에서도 역시 '내향초월' 이라 표기하고 있다. 몸을 지닌 존재로서 욕망과 분리될 수 없는 우리의 마음이 욕구를 승화시키고 온전히 실현하여 궁극적으로 성인의 경지에 오르는 것을 목표로 하는 동양문화의 특성상 '내향초월' 이라는 표현은 타당해 보인다. 원서의 제목은 '가치체계로 본 중국문화의 현대적 의의' 인데, 본문의 내용이 굳이 중국에 제한되지 않고, 전체 동서 문화비교라 할 만한 내용을 다수 포함하고 있기 때문에 독자의 편의를 고려하여 증보판의 제목을 '여영시의 동양문화 다시 읽기' 로 하였다.

이번에 추가된 마지막 장에 대한 설명이 필요할 듯하다.

개정 증보판을 내놓으면서 어떤 부분을 추가할 수 있을까 해서 여 선생의 전집 중 원 주제와 문제의식이 같은 글을 찾다가 원제가 '중국지식인의 역사'로 되어 있는 글을 찾았다. 일독해 보니 상당히 깊이 있는 글인데다가, 역서와 주제가 같은 글이었다. 역서의 결론이라 할 만한 문제의식을 가진 글이고, 분량도 적절하여 역서에 추가하여 함께 출간하면 독자에게 도움이 될 듯하였다. 마지막 장에서 여 선생은 한자 문화권에서 지식인 계층이 어떻게 형성되었나 하는 문제에 대한 설명을 넘어, 내향초월 문화권의 지식인이 나아가야 할 길을 제시한다. 그런데 막상 번역에 착수하니, 여 선생의 다른 저술들과 마찬가지로 인용문이 전체 중국 철학사의 범위를 포함할 정도로 광범위한데다가, 주로 본인의 기억에 의존하여 글을 쓰시는 여 선생의 특성상 일부는 원문과 다소 다르게 인용된 것도 있었다. 역자의 게으름으로 이런 문제들을 바로 잡는 데 적지 않은 시간이 소요되었다. 마지막 장이 내향 초월 문화권의 독자들이 자신을 돌아보고 돌이키는 데[反之] 조금이라도 도움이 되었으면 한다.

마지막으로 한국어 판권을 흔쾌히 역자에게 양도하신 여 선생님에게 감사의 뜻을 전하고 싶다. 역서를 전해 드리기 위해 댁으로 전화 드렸을 때, 한국어 본의 탄생을 기뻐하시던 선생님과 사모님의 반가운 목소리가 아직도 생생하다. 양질의 책을 만들기 위해 애써주신 교육과학사의 이정호 실장님과 편집부 가족들에게도 감사드린다.

2014년 6월

옮긴이 김병환

서문

이 책은 금년(1983년) 9월 1일 대만의 국부기념관에서 공개 강연한 원고를 보완하여 완성하였다. 『중국시보(中國時報)』가 주관하는 '중국문화와 현대생활' 연강 시리즈의 총결인 이 책은 강연 당시 시간적인 제한과 대중 강연의 한계로 인해 나 자신의 생각을 충분히 개진할 수 없었다. 『중국시보』의 칼럼 담당인 진조평과 장명귀 기자가 정리한 9,000자의 강연 원고는 매우 정확하여 원고 수정 작업에 큰 도움이 되었다. 이 점에 대해서는 깊이 감사하는 바이다. 하지만 여러 번 검토해 본 결과 원고를 약간 윤색하기만 한 채 발행해서는 안 되겠다는 생각이 들었다. 그 이유는 두 가지이다.

첫째는 『중국시보』가 특별히 해외에 있는 나를 섭외하여 강연을 청한 깊은 배려와 대우의 융숭함에 매우 감동하였기 때문이다. 그래서 나는 불성실한 태도로 『중국시보』의 성의에 답할 수 없었으며 또한 스스로 불만족스런 원고를 넘길 수 없었다.

둘째는 강연의 주제가 사실 너무나 방대했기 때문이다. 귀국하는 도중 비록 여러 차례 강연에 대해 구상하여 보았으나, 강연 당시에는 겨우 하나의 개념적 주제만을 언급했을 뿐 세부적인 내용에 대해서는 보충하지 못했다. 무엇보다 시간적인 제한으로 인해 여러 중요한 문제에 대해서 몇 마디 언급만 하고 넘어갔다. 만약 초고를 손보지 않고 그냥 발표하게 되면 독자들로부터 각종 오해를 받게 될 것이다. 이는 분명 본인이 줄곧 지켜오던 학문의 원칙상 용인할 수 있는 일이 아니다. 비록 수정 작업에 적지 않은 시간이 들었고 분량도 세 배 이상 증가하였지만, 이처럼 광범위한 주제로 보자면 본문은 여전히 겨우 한 편의 요약문에 불과하다. 말은 뜻하는 바를 다할 수 없으니, 독자들의 양해를 바랄 뿐이다.

1983년 10월 13일

미국에서 여영시

차 례

01 동양문화와 현대생활

동양문화와 현대생활 사이에는 과연 어떤 관계가 있는가? 이는 그야말로 여러 문제를 포괄하는 거대 담론이다. 이러한 거대 담론에 대해 논하는 사람들은 서로 다른 견해 차이를 피할 수 없다. 일반인의 관점에서 보자면 동양문화와 현대생활은 아마도 완전히 다르게 보일 뿐 아니라 서로 대립되는 두 가지 실체일 것이다. 전자는 동양에서 수천 년간 누적되어온 옛 문화 전통이며, 후자는 최근 백여 년 사이 출현한 새로운 생활 방식인 데다가 서양에 그 뿌리를 두고 있다. 따라서 이 두 가지의 충돌은 실질적으로 서구 현대문화가 동양의 전통문화에 준 충격과 도전이라고 볼 수 있다. 1919년 '5 · 4 운동' 이래 있었던 모든 문화 문제의 논쟁은 바로 이 주제를 둘러싸고 진행되어 왔다.[1]

이러한 일반적인 이해 아래 갖가지 다른 견해와 입장이 제기되었는데, 이는 크게 두 가지 상반된 경향으로 나눌 수 있다. 하나는 전적으로 서구문화를 옹호하며 동양 전통문화를 현대생활의 장애물로 취급하여 필히 먼저 깨끗이 쓸어 버려야 한다는 주장이다. 다른 하나는 전통문화를 적극 옹호하여 서구로부터 건너온 현대생활이 동양에서 일어나고 있는 재앙의 근원이며, 전통적 도덕질서와 사회의 안정을 파괴한다는 주장이다. 이 두 가지 극단적인 태도 사이에는 정도가 다른 여러 가지 서화론(西化論)과 문화 본위론(本位論),[2] 그밖

1 5.4 운동은 좁게는 1919년 중국에서 일어난 반일 애국운동이고, 넓게는 1919년을 전후로 전개된 전통 중국문화에 대한 비판과 관련된 신문화운동이다. 이는 유교전통의 부정, 서구적 사상의 수용이라는 형태로 나타났다. 신문화운동을 추진하던 지식인들은 당시의 공교국교화(孔教國教化) 움직임 등 일련의 보수적인 상황이 유교와 밀접한 연관이 있다고 보고, 중국의 정치 · 도덕 · 문화의 근간인 유교와 공자에 대한 비판 운동을 전개했다. 전통적 가치를 부정하고, 서양의 민주주의와 과학을 지향하는 운동이 바로 신문화운동이다.

2 중국에서 서화론과 본위론(중국문화 중심론)의 논쟁은 20세기에 여러 차례 있었다. 전면적인 서구화 그리고 동양 문화와의 절충적 수용 사이의 논

에 형식이 각각 다른 조화론이 당연히 존재한다. 이런 논의들에 대해서는 모두가 이미 익숙하기 때문에 다시 논의할 필요는 없다.

역사 연구자의 입장에서 필자는 이처럼 광범위하고 복잡한 문화 문제에 대해 어느 한편을 옹호할 생각이 없을 뿐 아니라 또 다른 새로운 절충적 조화설을 제기할 생각도 없다. 필자는 우선 '동양문화'와 '현대생활'이라는 두 개념에 대해 객관적인 '역사학적 분석'을 진행하고자 한다. 분석하는 가운데 자연히 개념적 성격을 갖는 특정 가설에 근거하지 않을 수 없겠지만, 이러한 가설은 결코 필자 개인의 주관적인 선택이 아니며 학술 연구 측면에서 객관성과 보편성을 갖는다. 종합적인 판단을 해야 할 때, 당연히 필자 개인의 주관을 완전히 배제하기는 어렵겠지만 이러한 판단 역시 최대한 객관적인 사실에 근거할 것이다.

반드시 설명하고 넘어가야 할 것은 문화에 관한 탐구가 여러 다양한 측면에서 이루어질 수 있기 때문에 당연히 필자가

쟁은 세계 문화와 현대화의 보편성 그리고 동양문화의 특수성을 둘러싸고 1930년, 1960년대, 그리고 이 강연이 있었던 1980년대에 집중적으로 이루어졌다.

취한 입장이 유일한 시각은 아니라는 점이다. 여기서 필자가 제기하는 견해도 최종적인 결론이라고 하기에는 부족하다. 다만 이러한 견해들은 필자 스스로 신중한 검토를 통해 얻은 것들이기 때문에 아마도 이 문제에 대해 관심이 있는 사람들에게 정보를 제공해 줄 수는 있을 것이다.

문화라는 단어는 광의와 협의의 각종 용법을 가지고 있다. 여기에서 말하는 이른바 '동양문화'라는 표현은 가장 광범위한 함의를 갖는다. 따라서 정치, 사회, 경제, 예술, 민속 등 각 방면에 미치지 않은 바가 없다. 근대학자들의 '문화'에 관한 논의로 말하자면 사정은 더욱 복잡하다. 인류학자인 알프레드 크로버(A. L. Kroeber)와 클라이드 클러크혼(Clyde Kluckhohn)은 1950년대에 '문화'에 관한 160여 개의 정의를 검토한 바 있다. 그들의 최종 결론은 문화를 일련의 행위체계로 파악하고, 문화의 핵심은 일련의 전통 관념으로부터 말미암으며, 특히 가치체계로 구성되어 있다는 것이다. 이 견해는 문화의 전일성(全一性)과 역사성에 동시에 주의를 기울였기 때문에 사회과학자들 사이에서 널리 유행하였다. 최근 10여 년 이래 문화에 대한 인류학자들의 인식이 점점 깊어지고 있지만, 문화의 전일성과 역사성이라는 두 가지 점에 대해서는 여전히 다수의 사람들이 긍정하고 있다.

또 다른 측면은 최근 10~20여 년 이래 비코(Giambattista Vico, 1668-1744)와 헤르더(Johann G. Herder, 1744-1803)의 역사철학이 점점 서구 사상계로부터 중시되었다는 점이다. 문화를 하나의 전일적 개념으로 파악하려는 경향이 강화되었을 뿐 아니라 다원주의적 문화관 역시 유행하기 시작했다. 이른바 다원주의적 문화관은 모든 민족이 그들 자신의 독특한 문화를 가지고 있음을 인정한다. 각 민족의 문화는 결코 한 뿌리에서 나온 것이 아니며, 더욱이 유럽문화를 다른 문화를 평가하는 보편 잣대로 삼을 수는 없다.

헤르더는 또한 각 문화의 형성과 그 구성원의 민족성이 서로 관련이 있다고 강조하였다. 따라서 만약 다른 민족들이 고대 중국과 같은 지리와 기후환경 조건 속에서 생활했다 하더라도 반드시 중국문화와 같은 문화를 창조할 수 있는 것은 아니다. 이러한 문화 다원론은 근대 서구인의 문화적 편견을 타파하는 데 도움이 된다. 그러나 반드시 지적해야 할 것은 헤르더 자신도 결코 이러한 편견에서 완전히 벗어나지 못했다는 점이다. 그는 여전히 서구문화가 인도와 중국보다 우월하다고 본다.

02

문화의 개별 구체성과 보편 추상성

비코와 헤르더 계열의 문화 관념으로부터 보면 개별적이고 구체적인 문화만 있을 뿐 보편적이고 추상적인 문화는 없다고 말할 수 있다. 고전 인류학에서 탐구하는 것은 일반화된 문화의 전형성(典型性)이다. 이러한 문화는 단지 여러 가지 개별적인 실제 문화로부터 그 보편성을 추려내서 얻은 관념이다. 따라서 이는 단지 이론상으로만 존재할 뿐이다. 그런데 최근에는 인류학자들 역시 자신들의 태도를 바꾸기 시작했다. 예를 들어, 클리퍼드 기어츠(Clifford Geertz)는 문화의 일반적 전형을 탐구하는 연구 방법을 비판하였다. 그는 문화를 연구할 때는 반드시 각 문화 체계의 특수성을 파악해야 한다고 생각했다. 이 점에서 역사학의 관점과 인류학의 관점이 통합되는 단초를 이미 볼 수 있다. 우리의 관심도 일반 문화의 공통성을 찾는 것으로부터 각각의 개별 문화의 특성에 주목하는 것으로 전환할 필요가 있다. 아래에서 논할 동양문화의 특색은 대체로 이런 입장에 기초한다.

만약 우리가 기본적으로 이 견해를 받아들인다면, 이른바 '동양문화'는 '현대생활'과 확연하게 분리되어 두 가지로 나뉠 수 없다. 보편성으로서의 '현대생활'과 보편성으로서의 '문화'는 똑같이 하나의 추상 관념이며 현실세계에서는 찾아 볼 수 없다. 현실세계에는 단지 중국적, 미국적, 러시아적 혹은 일본적 현대생활이라는 각각의 구체적 현대생활만이 있을 뿐이다. 그리고 이러한 구체적 현대생활은 구체적 문화의 현대적 발전과 그 표현이다. 이는 현대생활이 어떤 공통적 특징으로 귀납될 수 있음을 부인하는 것은 물론 아니다.

사실상 '현대화'에 관한 사회과학자들의 무수한 토론의 목적은 주로 현대화의 공통적 특징을 찾는 데 있으며, 이를 통해 이상적인 현대화의 모형을 찾고자 하는 것이었다. 그러나 이런 이상적 모형을 만약 모든 구체적이고 개별적인 현대

사회에 적용하려고 한다면 최고 수준에서의 개괄 작업을 거치지 않을 수 없다. 그 결과 공허한 형식으로 흘러가고 구체적인 경험적 내용은 상실하게 된다.

예를 들어, 우리 모두는 대개 민주주의가 현대 정치생활의 주요 방식이라고 인정한다. 그러나 우리가 유럽이나 영국, 미국의 민주정치를 독일의 나치와 소련의 철권 정치체제와 대조한다면 심각한 문제가 곧장 발생한다. 우리가 어떤 식으로 독재체제를 경멸하든지 간에 히틀러 시대의 독일과 레닌 이래의 소련이 이미 현대화의 단계에 진입하였다는 것을 부인하기는 어려울 듯하다. 따라서 많은 사회학자들은 어쩔 수 없이 '대중사회(mass society)' 혹은 '인민사회(populistic society)'[3]와 같은 개념으로 현대의 정치 생활을 개괄한다. 이러한 광범위한 개념이 비록 '민주'와 '독재'라는 분명히 서

3 과거에 사회주의권에서는 '계급사회'를, 자유민주주의권에서는 그보다 완화된 표현으로서 '계층사회' 개념을 주로 사용해 왔던 데 비해, 현대에 들어와 적대적이고 선명한 계급대립의 징후가 약화되자 보다 광범위하게 사회성원을 규정하고 일컫는 대체 개념이 필요하게 되었다. 뚜렷한 계급 구분이 어려운 범국민 사회를 다소 막연히 '대중사회'라 한다면, 그에 비해 '인민사회'라는 개념에는 사회적 약자에 대한 적극적인 보호와 정치참여 등 능동적이고 진보적인 성격이 보다 강조되고 있다고 할 수 있다.

로 대립적인 정치체제를 억지로 통합할 수 있다 하더라도 결국에는 단지 일종의 형식적 의미만이 남을 뿐이다. 민주제도하의 '대중' 혹은 '인민'은 적극적으로 정치 생활에 '참여(participation)'할 수 있지만 독재체제 아래의 '대중' 혹은 '인민'은 '대표성(representation)'조차 거론하기 어렵다. 그들은 단지 통치 집단의 조종을 받는 정치적 도구에 불과하다. 최신의 대중 선전 기술을 이용하여 인민의 정치적 경각심과 사회의식을 높이는 것이야말로 현대 민주주의의 특징이다. 반면 같은 기술을 이용하여 인민을 통제하고 조종하는 것은 현대 독재정치의 주요 내용이다. 이 양자 간에는 등호가 성립될 수 없다. 그 배후에는 가치체계의 근본적인 차이가 실제로 있기 때문이다.

우리가 통상적으로 말하는 '현대화' 혹은 '현대생활'이라는 표현에는 찬미와 동경의 의미가 포함되어 있다. 정치적 현대화로 말하자면 우리의 이상은 당연히 민주주의 제도를 건립하는 것이지 독재체제가 아니다. 이것은 현대생활의 실질적 내용과 가치 취향에까지 영향을 미치기 때문에 구체적 문화 전통을 벗어나서는 논의될 수 없다.

이뿐만 아니라 현대화 또는 현대생활을 토론하는 데 피할 수 없는 또 하나의 심각한 난제는 현대화와 서양화 사이를 혼동하는 것이다. 서양학자들이 말하는 현대화는 실제로 17세기 이래 서구와 북미 사회를 표준으로 삼는다. 따라서 현대화란 서양적 기본 가치의 수용이다. 이러한 견해는 옳은 점도 있고 그른 점도 있어 한마디로 쉽게 단언할 수 없다. 5·4운동 이래 제창된 '민주'와 '과학'의 영역으로 말하자면 서양의 성취가 확실히 앞서 있기 때문에 다른 국가들이 배워야 할 모범이 된다. 그러나 현대 서양문화의 기본 내용은 결코 이 두 가지에 국한되지 않는다. 예를 들어 과도하게 발전한 개인주의, 끝없는 이익 추구(acquisitive spirit), 나날이 번잡해지는 소송제도, 노인을 경시하고 아동을 학대하는 사회풍조, 긴장하고 충돌하는 심리상태 등의 예는 다른 비서양권 사회에 적합하다고 할 수 없을 뿐만 아니라, 서양인 스스로의 깊은 반성을 일으키고 있다. 현실세계 속에서 우리는 실제로 완벽함을 갖춘 구체적인 서양의 현대생활을 찾을 수 없으며 단지 참고하기에 충분할 뿐이다. 영미와 독일, 프랑스 각국은 모두 서양문화 계열에 속하지만 각국 간에는 여전히 많은 차이점들이 있으며 나름대로의 독특한 역사 전통을 가지고 있다. 따라서 현대화가 서양화와 동등할 수 없다는 것은 매우 분명한 사실이다.

03

전통문화에 대한 전일(全一)적 이해

이상의 논의는 '문화'와 '현대화'가 지역적 차이를 넘어서 공통성이 있다는 것을 부인하려는 것이 아니다. 공통성은 경험적 사실로부터 귀납하여 얻을 수 있을 뿐만 아니라, 이론적인 면에서도 반드시 필요한 것으로 이런 공통성이란 것이 없다면 사회과학은 성립될 수 없다. 다만 필자가 말하고자 하는 근본적인 뜻은 중국문화 같은 어떤 구체적 문화전통 및 그것이 처해 있는 현대적 상황을 검토할 때, 우리는 반드시 그 문화의 개성에 주의를 기울여야 한다는 것이다. 이러한 개성은 생명력을 가지고 있어 해당 문화가 배양해 낸 수많은 개인의 사상과 행위 가운데 표현되며, 그들의 단체생활 방식 가운데에서도 드러난다. 이른바 개성이란 어떤 구체적 문화와 세계의 다른 개별 문화를 서로 대조하여 말하는 것으로, 해당 문화 자체로 말하자면 개성은 오히려 공통성을 찾을 수 있는 기반이 된다.

아래에서 필자는 동양문화의 문제에 대해 집중적으로 논하고자 한다. 그러나 필자의 이해 가운데 동양문화와 현대생활은 결코 서로 상관없는 두 가지의 독립된 실체가 아니며, 서로 배척하고 대립하는 것은 더더욱 아니다. '현대생활'이라는 것은 동양문화가 현 단계에서 자신을 드러내는 구체적 변화이다. 동양문화의 현대적 전환은 이미 자연스럽게 과거의 궤도를 벗어났으며, 서양문화로부터 큰 영향을 받았다는 것을 부인할 수 없다. 서양화는 이 전환 중 하나의 중요한 일환으로 이를 꺼릴 것은 없다. 그러나 현대화는 결코 서양화와 같지 않으며, 서양화 역시 분야에 따라 다른 층차를 가지고 있다. 과학기술, 심지어 제도 측면에서의 서양화는 결코 다른 문화적 가치체계의 핵심 부분을 건드리는 것은 아니다.

현재 일반적으로 서양 학자의 책이나 논문으로부터 깊은 영향을 받은 지식인들은 종종 서양인들의 편견—즉, 현대 서양의 가치가 보편적(universalistic)이며 중국의 전통적 가치는 특수성(particularistic)을 띤다는 편견—을 받아들인다. 이것은 근본적으로 성립될 수 없는 관점이다. 사실 각각의 문화체계가 가진 가치는 모두 보편과 특수 이 두 부류로 나뉠 수 있다. 서양화와 현대화가 이름만 다르고 실질적으로 같다고 여기는 것은 바로 이런 편견의 산물이다.

동양문화란 무엇인가? 우리는 어떻게 해야 '동양문화'라는 이 광범위한 주제를 논할 수 있을까? 말할 필요도 없이 우리는 일종의 전일적인 관점을 채택하지 않으면 안 된다. 만약 분석적 방법을 채택한다면 정치, 경제, 종교, 예술, 문학, 민속 각 방면에서 탐구하여 각 분야의 대가들이 모두 받아들일 수 있는 확실한 결론을 얻을 수 있도록 해야 한다. 이는 끝이 없는 분석의 과정이기 때문에 영원히 실현될 수 없는 몽상에 불과하다. 그러나 다른 측면에서 전일적인 관점은 독단이라는 위험으로 흐르게 되는 것을 피하기 어렵다. 철학적 훈련이 엄격하지 않은 사람은 유난히 '한마디로 개괄하는[一言以蔽之]' 방식을 사용하여 독단적으로 동양문화의 성격을 규정짓기 좋아한다.

비록 필자 스스로 일종의 전일적인 이해를 지속적으로 추구해 왔지만, 필자가 역사학자이기에 이제껏 동양문화의 성격에 대해 감히 논단할 수 없었다. 몇 차례의 숙고 끝에, 필자는 최근 보편성과 객관성을 갖춘 일련의 문제들을 통해 동양문화의 가치체계를 파악하고자 시도하였다. 이러한 처리 방식은 아마도 앞서 제기한 인류학자와 역사철학자의 최신 연구 방식에 비교적 부합한다. 이 일련의 문제들은 한편으로는 독립적이지만 다른 한편으로는 각각 동양문화의 주요 측면과 관련된다. 각각의 측면을 나누어 논의할 때, 필자는 동시에 동양과 서양의 같음과 다름을 가려내고자 하였다. 필자는 이러한 시각으로 동양문화와 현대생활의 내적 관계를 설명하고자 한다. 동양문화의 현대화가 어떻게 서양화와 완벽하게 같을 수 없는지는 아마 이러한 대조를 통해 명확히 드러날 수 있을 것이다.

04

문화적 가치체계란 무엇인가?

가치체계를 논하려고만 하면 현대 사회과학적 훈련을 받은 사람들은 종종 다음과 같은 질문을 던진다. 즉, 이른바 문화 가치란 도대체 소수 성현의 경전(經典) 가운데 기록된 이상(理想)을 가리키는가? 아니면 일반인들의 일상생활 가운데 드러나는 실제적 경향성을 가리키는가? 이런 문제 제기 방식은 그 자체가 서양문화를 배경으로 하고 있다. 서양에서는 이론과 실천—동양에서 말하는 지(知)와 행(行)에 해당—또는 이상과 현실 사이의 거리가 큰 편이며, 그 긴장 관계 역시 비교적 치열한데, 이것은 아마도 서구의 이분법적 사유

전통과 관련이 있을 것이다. 여기서 이에 대해서 심도 있는 논의를 진행할 수는 없다.

어찌되었건 서양의 경전 중에서 유토피아적 이상주의는 동양보다 더 발달하였다. 『예기(禮記)』「예운(禮運)」의 대동(大同)적 이상[4]은 근대에 이르러 서양의 영향을 받아서야 유행하기 시작했다. 동양사상에는 대단히 농후하게 실제를 중시하는 경향이 있어 형식화와 체계화의 길로 나아가지 않았다. 유가(儒家) 경전에서 『논어(論語)』는 매우 평범한 책이다. 공자(孔子) 말씀의 대부분은 모두 실행할 수 있는 것들이자 일반 행위로부터 도출해 낸 것들이다. "옛날에 말을 함부

4 예기의 예운에서 말하는 대동사회는 다음과 같다. "대도(大道)가 행해지는 세상은 천하를 만인이 공유한다. 현능(賢能)한 사람을 뽑아 관직을 맡겨 신뢰와 화목을 다진다. 사람들은 자기의 부모만을 부모로 섬기지 않고, 자기의 자식만을 자식으로 여기지 않는다. 노인들은 편안히 여생을 보낼 곳이 있으며, 장성한 사람들에겐 일자리가 있고, 어린이에겐 모두 잘 성장할 수 있는 여건이 갖추어져 있다. 홀아비, 과부, 고아, 자식 없는 부모, 폐인, 질병에 걸린 사람들은 모두 보호와 양육을 받는다. 남자는 모두 자기 직분이 있고 여자는 모두 자기 가정이 있다. 재화와 땅에 버려지는 것은 싫어하지만 반드시 자기만 사사로이 독점하려 하지 않으며, 힘이 자기로부터 나오지 않음을 부끄럽게 여기지만 자기만을 위해 힘을 사용하지 않는다. 음모나 도적질과 전쟁 따위가 일어날 염려가 없으므로 바깥문을 잠그지 않는다. 이러한 사회를 '대동사회'라 한다."

로 하지 않은 까닭은 행위가 미치지 못함을 부끄러워해서였다",[5] "군자는 말을 어눌하게 하지만 실행에는 민첩하다",[6] "그 말을 듣고 그 행실을 살핀다",[7] "말한 바에 부끄러움이 없게 행동하기는 어렵다"[8]는 등의 이러한 말들은 『논어』에서 쉽게 찾을 수 있다.

『춘추(春秋)』는 전해지는 바에 따르면 공자가 "간단하지만 심오한 말로 큰 뜻을 말한[微言大義]" 저작이라 한다. 하지만 후인들은 『춘추』를 추앙하여 "위로는 요순우(堯舜禹)의 도를 밝히고, 아래로는 인사(人事)의 기강을 분별하였다" 또는 "위로는 천도(天道)를 근본으로 삼고, 중간으로는 왕법(王法)을 사용하였으며, 아래로는 인정(人情)을 조리삼았다"라고 말하였다.

결론적으로 말해, 현대 서구인이 중시하는 상층문화와 하층문화 또는 대전통(大傳統)과 소전통(小傳統)[9] 사이의 차이

5 "古者言之不出, 恥躬之不逮也"「里仁」
6 "君子欲訥於言而敏於行"「里仁」
7 "聽其言而觀其行"「公冶長」
8 "其言之不怍, 則爲之也難"「憲問」
9 미국의 인류학자 레드필드(Robert Redfield)는 비교적 복잡한 문명의 문화 전통을 분석하기 위해 대전통(great tradition)과 소전통(little tradition)이라

는 동양의 경우 비록 완전히 존재하지 않은 것은 아니나, 확실히 서구에서처럼 그렇게 심하지는 않았다.[10] 필자가 특별히 이 점을 언급하는 것은 다음 단락에서부터 동양문화의 기본 가치를 검토하려고 하기 때문이다. 필자는 가능한 한 이상과 현실 사이의 서로 다른 면까지 모두 고려할 것이다.

필자가 우선 제기하려는 것은 가치의 내원(來源) 문제 및 가치세계와 실제세계 간의 관계 문제이다. 이 두 문제는 한 가지 사실의 양면이다. 하지만 두 번째 문제가 더욱 시급하다. 이것은 동양과 서양문화의 같음과 다름을 토론하는 데 있어 반드시 언급해야 하는 최종 관건에 해당된다. 먼저 이 관건을 타개해야 우리는 비로소 한 걸음 더 나아가 이것으로부터 파생된 동양 가치체계의 각 방면과 관련된 구체적인 문제들을 해결할 수 있게 된다.

인간의 질서와 도덕가치는 어디로부터 왔는가? 이것은 모든 문화가 부딪히는 문제이다. 이 문제에 대한 동양과 서양

는 구분법을 사용한 바 있다. 대전통은 한 사회의 엘리트가 장악한 문자로 기록된 전통이고 소전통은 일반 민중들이 구전이나 삶을 통해 유지한 전통이다.

10 이 점은 필자의 『사학과 전통』 서문에서 논한 바 있음-원주.

의 해답은 같으면서도 또 다른 부분이 있는데, 그 다른 부분에 특별히 주의를 기울일 필요가 있다.

중국 최초의 사상체계는 인간세계의 질서와 도덕 가치를 제(帝) 또는 천(天)에 귀의시켰다. 이른바 "부지불식간에 제(帝)의 법칙을 따른다",[11] "하늘[天]이 백성을 낳으니 사물이 있으면 법칙이 있다"[12]는 말은 모두 이러한 생각의 표현이다. 그러나 자산(子産)[13]과 공자 이후에는 '인간'의 비중이 중요해지고 상대적으로 '하늘'의 비중은 경감되었다. 즉 "천도는 멀고 인도는 가깝게"[14] 된 것이다. 하지만 공자 이후의 사상가들이 인간 가치의 초월적 원천으로서의 천(天)과 절

11 "不識不知, 順帝之則" 『詩經』「大雅 · 皇矣」. 원전에는 "不知不識, 順帝之則"으로 되어 있으나, 시경 원문을 따라 "不識不知, 順帝之則"으로 바로잡는다.

12 "天生烝民, 有物有則" 『詩經』「大雅 · 烝民」

13 BC 585(?)~522(?). 공자와 동시대의 중국 춘추시대 정(鄭)나라의 정치가. 자산은 당시 강대국인 진(晉)나라와 초(楚)나라 사이에서 정나라의 발전과 평화를 이끈 유능한 정치가 · 외교가일 뿐만 아니라 합리주의적인 사상의 소유자였다. 종래의 구복(龜卜)과 무사(巫師) 등을 통해 하늘의 뜻을 받들어 정치적 결정을 내리는 데서 탈피해 법을 토대로 하여 합리주의적으로 국가를 통치했다. 이 합리주의 사상은 공자의 사상과 함께 인간 자각의 선구가 되었다.

14 "天道遠 人道邇" 『左傳』 昭公18年 條

연한 것은 아니다.

공자는 인(仁)을 최고의 도덕의식으로 삼았는데, 이 의식은 인성에 내재하는 것으로 그 원천은 여전히 천(天)에 있다. 하지만 이러한 초월적 근원은 일반적인 언어로 분명하게 논할 수 있는 것이 아니라 모든 사람이 스스로 체험해야만 한다. "선생님께서 성(性)과 천도에 관해 말씀하시는 것을 들어본 적이 없다"[15]는 말은 공자가 이러한 사상을 직접적으로 펼치지 않았음을 말하는 것이지, 그가 '성(性)과 천도'의 진실성을 불신하였거나 부인하였다는 것은 아니다.

근대 학자들이 종종 공자의 입장을 '불가지론(不可知論)'의 범주로 구분한 것은 여전히 논란의 여지가 있다. "하늘이 내게 덕을 주었다"[16], "나를 알아주는 것은 하늘뿐"[17]이라는 말은 공자 본인에게 있어 참된 의미가 없을 수 없다.

맹자의 성선설(性善說)은 인(仁), 의(義), 예(禮), 지(智), 이 네 가지 선(善)의 단초가 모든 인성 안에 내재되어 있다고 하였다. 이 성(性)은 곧 "하늘이 나에게 준 것이다."[18] 그래

15 "夫子之言性與天道, 不可得而聞也"『論語』「公冶長」

16 "天生德於予"『論語』「述而」

17 "知我者其天乎"『論語』「憲問」

서 그는 비로소 "본성을 알면 하늘을 알게 된다"[19]고 한 것이다. 훗날 『중용』에서 말한 것이 더욱 분명하다. "하늘이 명한 것을 일러 본성이라 한다. 이 본성을 따르는 것을 도라고 한다."[20]

도가(道家) 역시 인간세계의 질서와 모든 가치에 초월적인 근원이 있음을 긍정하였다. 그것은 바로 천지보다 먼저 생겨난 형이상학적 도체(道體)이다. '도(道)'는 가치의 근원인 동시에 만물의 근원이기도 하다. 하지만 동양인의 일반적인 사고 속에서 이 초월적 원천은 여전히 '천(天)'이라고 뭉뚱그려 불려진다. 예를 들어 중국에서는 옛날에 집집마다 '천지군친사(天地君親師)'라는 글을 걸어 놓았는데, 이는 위의 확실한 증거가 된다.

우리는 여기에서 '천(天)'이 얼마나 많은 함의를 가지고 있는지 상세하게 분석할 필요는 없다. 우리가 강조하고자 하는 한 가지는 동양 전통문화에서는 인간의 질서와 가치가 결코 인간으로부터 기원했다고 여기지 않았다는 점이다. 그것

18 "此天之所與我者"『孟子』「告子」上
19 "知其性則知天矣"『孟子』「盡心」上
20 "天命之謂性, 率性之謂道"『中庸』1장

들은 여전히 인간을 초월한 내원을 가지고 있었다.

근래의 대부분의 사람들은 동양문화의 특징이 인문주의적이라는 것을 긍정한다. 이 긍정은 대체로 옳다. 그러나 우리는 동양 인문정신의 모든 것이 한낱 인간으로부터 시작하여 인간으로 종결되는 세속적 정신에 불과하다고 오해해서는 안 된다.

가치가 초월적 근원을 갖는다는 점에서만 논하자면, 동양과 서양문화는 시작에 있어서는 기본적으로 다른 차이가 없는 듯하다. 하지만 초월적 근원과 인간세상 사이의 관계로 볼 때, 동양과 서양문화의 차이에는 지극히 주목할 만한 부분이 있다. 동양사람들은 이 초월적 근원에 대해 단지 긍정을 했을 뿐, 그 근본을 궁구(窮究)하는 데까지 나가지 않았다. 이는 바로 장자(莊子)가 말한 "성인은 육합(六合)[21] 이외의 세계가 있음을 알지만 이를 논하지 않는다"[22]라는 태도

21 六合은 天地와 동서남북을 의미하는데, 이는 곧 우리가 살고 있는 이 세계를 가리킨다. 동양문화권에서는 경험세계 배후의 본원적 세계를 현상 경험계의 존재 근거로써 받아들이지만, 이에 대해 더 이상의 상세한 논의를 서양처럼 진행시키지 않았다는 뜻으로 현세간(現世間)적인 동양문화의 특징을 언급할 때 빈번히 인용되는 장자의 말이다.

이다.

서양인의 태도는 현저하게 두 가지로 나뉜다. 첫째, 그들은 처음부터 이 부분에 대해 철저하게 캐내어 진상을 밝히려 하였다. 플라톤의 '이데아론'이 바로 이러한 가치 근원의 초월세계를 보여주려 한 것이다. 그것은 영원불변하며 완전무결한 실재계(혹은 실체계)이다. 반면, 우리의 감각으로 파악할 수 있는 것은 각종 결함을 가진 현상계이다. 비록 플라톤 역시 이러한 실재계는 말로 설명할 수 없음을 인정하였지만, 그는 분명 여러 가지 경로를 통해 그것을 묘사하고자 했다. 아리스토텔레스의 '궁극 원인' 혹은 '부동의 원동자(The first unmoved mover)'[23] 역시 플라톤의 길을 따라 이루어진 사고이다. 따라서 플라톤과 아리스토텔레스 두 사제 간의 노력은 최종적으로 지선(至善)한 신의 관념으로 나아가지 않으면 안 되었다. 이 신이 모든 가치의 공통된 근원이 된다.

22 "六合之外, 聖人存而不論" 『莊子』「齊物論」

23 아리스토텔레스가 말하는 부동(不動)의 원동자(原動子)는 그 자체 자연에 존재하는 물체는 아니지만 모든 자연의 물체를 운동하게 만드는 원인을 가리키는 것으로 부동성 · 영원성 등의 속성을 가지고 있다. 일반적으로 '부동의 동자'란 번역으로 널리 알려져 있지만 의미를 따지자면, '불피동(不被動)의 원동자'가 더 정확한 것이 될 것이다.

둘째, 희랍인은 '이성'에 의지하여 가치의 근원으로 거슬러 올라갔다. 하지만 인간의 이성은 결코 이러한 임무를 충분하게 성취할 수 없었다. 히브리의 종교 신앙이 바로 이러한 공백을 보충해 주었다. 서구문화가 기독교를 받아들인 것은 절대 역사적 우연이 아니다. 전지전능하고 모든 곳에 존재하는 신은 서양인들에게 그들이 필요로 하는 존재 근거를 제공해 주었다. 우주만물은 어떻게 생겨났는가? 존재란 무엇인가? 인간의 모든 가치는 어디로부터 왔는가? 이러한 문제는 여기에 이르러 모두 해답을 얻게 된다. 하지만 이러한 해답은 인간의 유한한 이성에서 유래된 것이 아니라, 신의 '계시적 이성(revealed reason)'[24] 으로부터 온다.

신의 계시와 인간의 이성 간에는 당연히 모순이 있다. 하지만 이러한 모순은 근대과학의 부흥 전에는 조화될 수 있었으니, 적어도 일시적으로는 화합할 수 있었다. 중세에 토마스 아퀴나스(St. Thomas)는 신학을 집대성하였는데, 그 중심 의의는 바로 여기에 있다. 서양의 초월세계는 여기에

24 기독교는 그리스도교의 진리를 신에 의한 창조물, 역사, 인간의 양심, 그리고 성서를 통해 나타난 '계시'라고 이해함으로써 이를 인간적인 경험이나 사유에서 나온 진리와 구분한다.

서 충분히 구체화되었고, 인격화된 신에게 이 세계의 모든 역량이 집중되었다. 신은 만물의 창조자이며, 모든 가치의 근원이다.

서양인은 한편으로 이 초월세계를 가지고 인간세상의 각종 결함과 죄악을 진단하고, 다른 한편으로는 그것을 가지고 인간을 담금질하여 승화시키기 위해 노력한다. 따라서 이 초월세계와 초월적 신은 무한한 위력으로 나타난다. 하지만 모든 개인에게 있어 이 위력은 외부로부터 온 것이며, 개인이 사회가치 혹은 도덕가치를 실천하는 것 역시 신의 부르심에 응답한 것이다. 만약 각도를 달리한다면 인간은 반드시 신이 규정한 법칙을 준수해야 한다고 말할 수 있다. 왜냐하면 신은 우주 간의 모든 기본 법칙의 유일한 창조자이기 때문이다. 서양에서 말하는 '자연법(Natural Law)'의 전통은 이로부터 파생되었다. 서양의 '자연법'이란 넓은 의미에서 인간 사회와 도덕법칙—동양의 천리(天理) 혹은 도리(道理)에 해당—및 자연계의 법칙—동양의 물리(物理)에 해당—을 포함한다. 서구에서 말하는 초월세계는 인간 외부에 존재한다. 우리는 '자연법'의 관점을 통해 이 사실을 분명하게 알 수 있다.

05 초월계와 현상계의 교섭

서구와 비교하면 동양의 초월계와 현상계는 경수(涇水)나 위수(渭水)의 청탁처럼 그렇게 분명히 구분되지 않는다.[25] 일반적으로 말해, 동양인들은 처음부터 인간의 지적 능력으로는 진정으로 가치의 근원인 초월계를 분명하고 구체적으로 드러내 보일 수 없음을 알고 있었던 듯하다. 이는 아마도

25 위수는 감숙성(甘肅省) 위원현(渭源縣)에서 발원하여 섬서성(陝西省)을 거쳐 황해로 흐르는 강이고, 경수는 감숙성(甘肅省) 화평현(化平縣)과 고원현(固原縣) 두 군데에서 발원하여 섬서성에 이르러 위수와 만난다. 위수는 물이 맑고 경수는 황토색이기에 합류 시 청탁이 분명히 구분된다.

부분적으로 동양인들이 인식론에 대한 흥미를 결핍하고 있었던 사실과 관련이 있을 것이다. 그러나 보다 중요한 것은 동양인들이 기본적으로 이 두 세계 사이에 초한(楚漢)의 경계로 삼았던 홍구(鴻溝)[26] 같은 넘어설 수 없는 경계를 설정하지 않았다는 점이다.

서양철학에서의 실체계와 현상계의 구분, 종교에서의 천국과 인간세의 구분, 사회사상에서의 유토피아와 현실의 구분 등은 동양의 전통 가운데 그 흔적을 찾아볼 수는 있지만 결국 주도적인 위치를 차지하지 않는다.[27] 동양에서 두 세계

26 홍구는 하남성(河南省) 영양현(滎陽縣)에 있는 물길이다. 항우는 유방과 애초 홍구를 경계로 그 서쪽은 유방의 한나라, 그 동쪽은 자신의 초나라 영토로 삼아 천하를 양분하기로 약속했었던 고사가 있다.

27 이 책 전반에 걸쳐 위잉스 선생은 이상과 현실, 초월세계와 현상세계의 관계를 통해 서구의 외향문화, 동양의 내향문화를 구분하는 주요 지표로 삼는다. 이상과 현실, 초월세계와 현상세계의 관계는 서구와 동양 사이의 차이를 가름하는 결정적 차이로 등장하며, 그 차이를 개념화 한 것이 바로 서구의 '외재 초월형 문화'와 동양의 '내향 초월형 문화'인 것이다. 외향문화의 특징은 초월세계, 신의 영역, 이데아의 세계와 현실세계, 인간의 세계, 경험세계가 분리되거나 긴장관계에 있으며 이분법적 사유세계와 연관이 깊다고 위잉스는 주장한다. 이런 관계가 서구에서 초월세계에 대한 철저한 탐구, 기재적 자연관, 신성하고 초월적 위치에 있으면서 인간 생활을 강제하고 부과하는 법체계 등을 강화했으며 이는 서구문화의 특징이라고 주장하는 것이다. 위잉스에 의하면 서구에서 인식론과 논리학, 과학이

는 서로 교섭하며, 분리된 가운데 합일하고, 합일하는 가운데 분리된다. 분리와 합일의 정도는 개인에 따라 다르다. 우리가 만약 '도'로써 이상적 초월 세계를 대표하고 윤리와 일상생활로 현실적 인간 세계를 대표한다면, '도'는 즉 '윤리와 일상생활' 가운데 있고 윤리와 일상생활 역시 '도'를 떠날 수 없다. 그러나 윤리와 일상생활은 단지 '사실'이며, '도'는 곧 '가치'이다. 사실과 가치는 합일되는가 아니면 분리되는가? 또 어느 정도까지 합일되는가? 혹은 어느 정도까지 분리되는가? 이는 전적으로 각 개인의 이해와 실천 정도에 달려 있다. 따라서 『중용(中庸)』에서는 "군자의 도는 광대하면서도 은미하여 대중의 우둔함으로도 함께하여 알 수 있지만 그 지극함에 이르러서는 비록 성인이라도 또한 알지 못하는 바가 있다"[28]라고 하였다. 동양사상의 주류에서 이 같은 두 세

발달하고, 기독교 윤리에 근거한 자본주의의 정신, 자연법과 같은 법체계가 발달하게 된 것은 이런 외향문화의 성격에서 기인한다. 반면 동양에서는 초월세계와 현상세계가 서구처럼 분리되거나 긴장관계에 있지 않고 융합적이며 연장선상에 있다고 위잉스는 주장한다. 이것을 내향 초월형 문화라는 개념으로 정의하는데 이 문화의 특징은 인간과 자연의 유기적 결합을 강조하는 유기체적 자연관, 자기 내면의 수양을 통해 이루어지는 인륜질서, 내면적 초월세계에 대한 긍정, 예(禮)의 문화 등이다.

계는 줄곧 '부즉불리(不卽不離)'의 상황, 다시 말해 붙어 있지도 떨어져 있지도 않은 그런 상황 아래 놓여 있었던 것이다. 또한 불교의 '진제(眞諦)'와 '속제(俗諦)'[29]는 완전히 구분되지만, 최후에는 역시 중국의 선종(禪宗) 사상으로 대치된다.

선종의 보원(普願) 스님은 '평상심이 도이다'라고 하였는데, 이는 곧 동양의 전통을 회복한 것이다. '물을 기르고 장작을 패는 것 역시 오묘한 도다[運水及搬柴是妙道]'라는 말도 진제와 속제 사이의 간극이 마침내 통하게 되며, 성(聖)과 속(俗) 사이에는 절대적인 경계가 없다는 의미다. 송명리학 가운데 리(理) 세계와 기(氣) 세계의 구별이 있지만, 리와 기

28 "君子之道費而隱, 夫婦之愚可以與知焉, 及其至也, 雖聖人亦有所不知焉"『中庸』 12장

29 제(諦)는 산스크리트 사트야(satya)의 번역어로 '거짓이 없고, 변하지 않는 참다운 진리'를 뜻하는 말. 진제는 성자(聖者)가 깨달은 참다운 진리의 가르침으로 출세간(出世間)적인 진리를 말하며, 속제는 '세속적인 진리', '범부(凡夫)가 알고 있는 이치'를 뜻한다. 속제가 세간의 사람들이 진리에 전도(顚倒)되어 세상의 모든 것을 항존하는 유(有)라고 집착하는 것인 반면, 진제는 깨달음의 관점에서 일체법(一切法)이 모두 공(空)함을 자각한 올바른 진리를 말한다. 하지만 진제와 속제는 종국에는 서로 통한다는 것이 불교의 정신이다.

는 여전히 부즉불리(不卽不離)적이어서 기가 있으면 바로 리가 있고, 기 없이는 리 또한 머물 곳이 없다.

동양에서 나타나는 초월계는 외재화, 구체화, 형식화의 길을 가지 않았다. 따라서 동양에는 '신의 도시(City of God)'[30]가 없으며, 보편성을 갖춘 교회(universal church)도 없다. 육조(六朝) 수당시기 도교와 불교의 사찰은 결코 서구 중세 교회의 권위 및 권능과 동일시될 수 없다.

동양에서 유가는 '도의 큰 근원은 하늘로부터 나온다'고 믿었다. 이는 가치의 근원을 말한다. '도'는 윤리와 일상생활을 밝혀주기에 충분하며 거기에 의의를 부여한다. 선종 역시 이렇게 말한다. 득도(得道)하기 전에도 장작을 패고 물을 기르며, 이미 득도한 후에도 여전히 장작을 패고 물을 기른다. 다른 점은 깨달은 뒤의 장작패기와 물 긷기에는 비로소 의의가 있으며, 그제야 가치가 드러난다는 점이다.

그렇다면 우리는 어떻게 해야 이러한 초월적 가치계에 진

30 아우구스티누스는 『신국론』에서 '하느님의 나라'와 '땅의 나라'를 명확하게 구분하고 설명하고 있는데, 인간이 신의 은혜를 입는 것은 교회와 그 신비(神秘)에 의해서만 가능할 뿐, 교회 밖에서의 구원은 없다고 주장하였다. 따라서 인간이 신의 도시에 들어가기 위해서는 교회를 통해야 하며, 이로써 교회의 존재 의의가 있게 된다.

입할 수 있는가? 맹자는 일찍이 "그 마음을 다하는 자는 그 본성을 알 수 있고, 본성을 알면 하늘을 알게 된다"[31]고 말하였다. 이는 내향적[32] 초월의 길로 들어선 것이다. 서구에서 말하는 외재적 초월과는 분명한 대조를 이룬다. 공자의 '자기 자신부터 인(仁)하게'[33]라는 말에는 이미 이러한 내향적 초월의 방향이 제시되어 있지만, 맹자는 특별히 '마음'을 강조하여 보다 구체화하였다. 훗날 선종의 '마음을 밝혀 본성을 본다', '영산(靈山)은 오직 내 마음 속에 있을 뿐'이라는 주장 역시 같은 노선을 취한 것이다.

내향적 초월은 필연적으로 각 개인 스스로의 일이기 때문에 조직화된 교회에 의지하지 않고, 체계화된 교리에 따르지 않으며, 심지어는 상징적 의식(儀式) 또한 그다지 중요하지 않다. 동양에는 또한 서양 기독교 식의 사제가 없었다. 유교

31 "盡其心者知其性也, 知其性則知天矣"『孟子』「盡心」上

32 원문은 '내재적 초월'이지만 저자인 여영시 선생의 요청에 의해 '내향적 초월'로 번역한다. 이 책이 대만에서 출간된 뒤에 최근 대륙에서 출판된 여영시 선생 전집에는 '內向超越'로 표기되어 있다. 여 선생께서도 역자에게 특별히 이 점을 부탁하였다. 이 점을 빼고는 대륙 본과 대만 본은 차이가 없다.

33 "爲仁由己"『論語』「顔淵」. 한(漢) 대의 유학자 공안국(孔安國)에 의하면 '위인(爲仁)'은 '인하게 되는 것'인데, '인을 행하는'이라 해도 무방하다.

는 사람에게 '깊이 자득(自得)할 것'과 '귀의하여 추구하는 것에 스승이 있다'고 가르치며, 도가는 사람들에게 '뜻을 얻으면 말을 잊을 것[得意忘言]'을 요구한다. 선사(禪師)들은 구도자를 설복시키려고 하지 않는다. 핵심은 확실히 모두 개인의 내면적 자각에 있다. 따라서 개인의 수양 혹은 수도가 관건이 되는 것이다. 만약 동양문화에 '인문주의 정신'이 있다고 한다면 이것이 바로 그 구체적 표현이다.

가치의 근원을 추구하는 노력은 안을 향하지 바깥과 위를 향하지 않으며, 신의 '계시'를 기다리지 않는다. 이러한 정신은 종교, 도덕, 사회 각 방면에서 보일 뿐만 아니라 동시에 예술과 문학의 영역을 지배하고 있다. 따라서 마음의 근원[心源]이라는 관념이 회화와 시의 창작활동에 있어 매우 중요한 것이다. 그림에 대해 논하자면, '그림의 외적 표현에서는 조화를 배우고, 내적 표현에서는 마음의 근원을 얻는다'라는 명언이 있다. 시에 대해서는, '훌륭한 시인은 시의(詩意)에 맞는 시어를 읊고, 마음의 근원이 옛 성현에 가깝다'라고 한다. 이는 내향적 초월이 반드시 거쳐야 하는 과정이다.

필자는 동양과 서양의 차이를 과장할 의도도 없고, 동양정신은 전부 내향화되었다거나 서양은 완전히 외향화되었다고 말하는 것이 아니다. 예외 현상을 쌍방 모두에서 찾아볼 수 있다. 그러나 대체적으로 말해, 필자는 동양과 서양 가치체계에 은연중 확실히 이와 같은 분별점이 있다고 믿는다. 외재적 초월과 내향적 초월은 각각 장단점과 우열이 있기 때문에 한꺼번에 일괄하여 논할 수는 없다. 주의할 만한 점은 동양과 서양문화의 차이는 여기에서 그 대강을 엿볼 수 있다는 점이다. 이러한 차이점은 근대에 이르러 더욱 첨예화되었다.

앞서 지적하였듯이 서양에서 가치의 근원인 초월계가 그리스 이성과 히브리 신앙의 합류로 중세 시기 일시적인 통일을 이루기도 하였지만, 신앙과 이성의 합작은 끝내 오래가지 못하였다. 중세시대 철학은 신학의 시녀였다. 이성은 신앙을 보좌하는 지위로 전락한 것이다. 그러나 르네상스 이후 이성이 점점 대두되었고, 특히 과학혁명 이래 이성은 이미 신앙을 압도하였다. 서양의 초월계는 여기서 분열되기 시작한다. 과학은 자연세계의 오묘한 신비를 풀어냈는데, 이는 이성의 대승리였다. 우주에는 질서와 규칙이 있음을 인간의 이성을 통하여 발견해낼 수 있었다. 이성의 힘은 이로부터 점점 강해졌으며, 기독교의 신에 대한 인간의 신앙은 상대적으로 줄어들게 되었다. 뉴턴은 여전히 이러한 질서 있고 규칙적인 우주가 신의 창조물이라고 믿었지만, 자연과학의 성공은 결국 신을 한 걸음 더 밀어내었다. 자연적 사실과 그 초월적 가치 근원은 단절되기 시작했다. '자연법(Natural Law)'의 대부분은 현재 '자연의 법칙(laws of nature)'으로 변하였다.

칸트의 철학은 서양에서 말하는 두 세계의 분열과 긴장 상태를 가장 잘 반영하였다. 칸트 철학은 계몽주의 시대의 최고 산물이지만, 그는 여전히 이성의 한계가 어디까지인지를 구명(究明)하려고 하였다. 이성은 단지 사람들에게 현상계를 알려줄 뿐이며, 실체계에 대해서는 그렇지 못하다. 이는 신을 위한 영역을 남겨두는 것인데, 왜냐하면 실체 혹은 물자체(Ding an Sich)는 신만이 알 수 있기 때문이다.[34] 그 기본 가설은 오직 창조자만이 그 창조물에 대해 완전한 지식을 가

34 칸트의 물자체는 인간의 의식 밖에 인간의 인식과 독립해서 존재하며, 지각과 사유를 통해 인식에 주어지는 방식과는 구별되는 그 자체로서의 사물 또는 객관적 실재를 가리킨다. 칸트에 따르면 우리는 물자체를 인식할 수 없고 다만 현상의 세계만을 알 뿐이다. 물자체는 감관과 오성, 경험과 사유를 거쳐 오로지 현상으로만 주어지기 때문이다. 칸트는 사물은 우리 밖에 존재하며 감각의 대상이지만, 우리는 그 사물 자체의 본모습이 무엇인지에 관해 전혀 알지 못하며 단지 그 사물의 현상만을 알 뿐이라고 말한다.

질 수 있다는 것이다.

칸트는 또한 실천이성을 제기하여 가치세계의 객관적 존재를 보증하였다. 그는 한편으로 인간이 경험세계 일체 규칙의 지배를 받고 있음을 인정하였으며, 다른 한편으로는 자주(自主)와 자유의 가치세계를 설정하였다. 이 두 가지 세계, 즉 한편으로는 사실세계이자 필연세계, 다른 한편으로는 가치세계이자 자유세계는 궁극적으로 신이라는 관념 아래 통일될 수 있다. 일종의 자연현상으로서의 인간은 인과율의 지배 아래 있지만, 실체현상으로서의 인간은 자유롭다. 실체는 반드시 신의 관념이 전제된다. 칸트의 신 관념은 당연히 중세 이래의 전통적 구학설과는 크게 다르다. 그는 비판이성을 사용하여 오래된 형이상학 혹은 사변적인 신학을 타파하였으며, 동시에 새로운 도덕이론을 건립하였다.

근대에서 칸트 철학의 성과는 어떤 것과도 비길 수 없다. 하지만 그의 노력도 서구 과학과 종교의 분열적인 운명을 바꾸지는 못했다. 그의 '물자체'설, '선험적 종합판단 이론'설은 후세에까지 줄곧 의견이 분분하여, 오늘날에까지도 여전히 믿는 자는 믿고, 회의하는 자는 회의하는 상황이다. 그뿐만 아니라 회의하는 자들이 믿는 자보다 훨씬 더 많다. 19세기 다윈의 생물 진화론이 세상에 나온 뒤 신이 세계를 창조했다는 믿음은 치명적인 타격을 입었다. 일반적으로 기독교인이라 불리는 서양인들은 비록 교회에서 예배를 드리지만 마음속에는 이미 하나님을 향한 진실한 신앙이 존재하지 않는다. 가치의 근원은 이미 단절되었고 생명은 또 다시 의의를 말할 수 없게 되었다. 그래서 니체는 광인의 구호를 빌려 "신은 죽었다", "모든 교회가 만약 신의 무덤이 아니라면 더 이상 무엇이겠는가?"라고 외친 것이다.

06

서양 근대와 世俗化

서양 근대사의 주요 흐름은 신성(神聖)으로부터 세속(世俗)으로 나아가는 세속화(secularization)의 과정이다. 당연히 정치나 사회, 사상도 세속화의 길을 걸어왔다. 18세기 사상가들은 자연법과 신을 분리하기 시작하였고, 방향을 바꾸어 인간이 이성을 구비하고 있다는 사실로부터 자연법의 기초를 다시 세우고자 하였다. 하지만 인간 세계에서 가치의 궁극을 찾으려는 서양 근대인의 노력은 여전히 극복하기 쉽지 않은 곤란한 상황에 직면하게 되었으며, 사회계약설이 가정한 '자연상태'는 일종의 유토피아로서 도덕가치의 참된

근원이 될 수는 없었다.[35]

최근 롤스(J. Rawls)가 주장한 '원초적 입장(original position)'[36]이라는 개념은 이 분야의 중요한 발전이다. 공리

---

35 서구적 사유의 특징인 기원(origin)에 대한 탐구는 사회계약설에도 그대로 투영된다. 사회나 도덕, 규범은 어떻게 생겨났고 그 기원은 어디인가에 대한 끊임없는 고민의 결과가 사회계약설이다. 합리적 이성을 가진 개인들의 계약으로 사회와 도덕, 규범 등이 생겨났다는 생각은 현실에서는 찾아볼 수 없는 '자연 상태'라는 가정에서 출발하며 이성을 가진 개인이라는 고도로 추상적인 개념 설정에서 출발해야만 나올 수 있는 것이다.

36 롤스(Rawls)가 그의 『정의론(A Theory of Justice)』에서 이상사회 건설을 위한 논의를 진행하면서 사용한 개념이다. 어떤 상황이 자신들의 특정한 이해관계에 미치는 영향에 대해 알지 못함으로써, 사회적 결정이 공정하게 이루어지도록 전제된 이론적 가설을 롤스는 '원초적 입장'이라 칭하였다. 원초적 입장은 1) 이해 당사자들의 절차상의 동등한 권리, 2) 자원의 적절한 부족상태, 3) 무지의 베일(veil of ignorance)이라는 세 가지 특징을 갖는다. 이런 원초적 입장에서 이해 당사자들이 합의하는 사회적 법칙들이 곧 사회 정의의 원칙이 된다. 여기에는 자유롭고 평등한 개인들의 공정한 협상상황, 자연적 운(재능, 성별, 인종 등)과 사회적 운(가족환경, 자신이 속한 계급과 계층 등)이 정의에 영향을 미쳐서는 안 된다는 요청의 수용이라는 중대한 합리적 의미가 담겨 있다. 이 때문에 롤스 자신이 '공정으로서의 정의'란 표현을 즐겨 사용하는 것이기도 하다. 롤스처럼 자유주의적 정치체제와 자유경쟁시장의 경제체제를 옹호하면서 롤스보다 개인의 자유와 권리를 좀 더 옹호한 사람은 하버드대 동료 교수였던 노직(Robert Nozick)이었다. 롤스는 평등의 실현 즉 경제적 평등을 목적으로 한 복지국가 건설에 더 관심이 있었고, 노직은 평등이 실현된 국가보다는 개인의 자유와 권리가 보장되고 개인들의 가치관이 마음껏 실현될 수 있

주의적 쾌락설은 효용성과 그 결과에 지나치게 치중하여 가치 근원 자체가 없다는 주장에 다시 빠져들 위험이 있다. 이렇듯 중요한 문제에서 서양인들은 신의 관념에 의지하려는 경향에서 종종 벗어나지 못하고 있다. 미국독립선언문은 양도될 수 없는 '천부인권(天賦人權)'이 '증명이 필요없는 자명한 진리(self-evident truths)'라고 선언한다. 왜냐하면 인간의 기본권은 창조주의 은총이기 때문이다. 심지어 오늘날도 일반적 서양인의 관념 속에서 인권은 신으로부터 유래하는 것이다.

현재 동양의 지식인들은 모두 서양 근대문화가 중세 기독교의 권위로부터 해방된 것을 서양문화의 가장 위대한 성취라고 여기고 있다. 왜냐하면 우리 동양인들의 마음을 이끌었던 민주주의와 과학이 이 해방 과정 속에서 발전되어 나왔기 때문이다. 이런 견해는 당연히 근거가 있다. 하지만 서양 근대문화의 세속화가 기독교적 잔재를 철저히 제거하는 것이

는 사회에 관심을 갖는다. 그래서 노직은 롤스와 달리 최소 국가(minimal state)론을 주장한다. 요컨대 롤스는 분배 문제에, 노직은 개인의 권리와 자유문제에 더 치중한다. John Rawls, *A Theory of Justice* (Cambridge: Harvard University Press, 1971), Robert Nozick, *Anarchy, State and Utopia* (New York: Brsic Book, 1974).

라 오해하거나, 더욱이 과학과 종교가 절대 양립할 수 없는 적이라고 오해해서는 안 된다. 현상계를 넘어서는 '외재초월'의 길을 걸어온 서양문화가 그 자신에게 가치 근원을 제공하는 정신세계를 배제할 수는 없는 일이었다. 오히려 이런 오해들과는 반대로 기독교는 종교개혁의 변화를 거친 뒤에 서양 문명 현대화의 중요한 정신적 동력의 하나가 되었다.

과학을 예로 들어 살펴보면 볼테르(Voltaire)가 말했던 것처럼, 전도사들은 아이들에게 신이 존재한다고 말하는 것에 불과했지만, 뉴턴(Newton)은 그들에게 우주는 확실히 신의 지혜로운 걸작품이라는 것을 증명하였다. 신에 대한 깊은 믿음이 바로 뉴턴으로 하여금 우주 질서를 탐구하도록 한 힘이라는 것은 의심의 여지가 없다.

또한 전문가들의 연구에 따르면 16세기 영국의 의학 발전 역시 신의 관념에 힘입었다. 질병을 치료하여 사람이 목숨을 구하는 것은 신의 부름에 화답하는 것이고, 인체 기능의 오묘한 신비와 약물의 특성을 연구하는 것 역시 신이 부여한 사명을 실행하는 것이다. 의료 행위의 도덕성과 의학 연구의 열성이 모두 신에 대한 신앙에 근원하였다. 정치 · 사회사상 방면에서 보면 '천부인권'설이 기독교적 배경을 갖고 있다는 것은 이미 지적한 바와 같다. 버터필드(Herbert Butterfield)

는 서양 근대의 개인주의와 근대 기독교의 발전에는 밀접한 관련이 있다고 주장했다. 그에 따르면 종교개혁 이후 각 교파가 흥기하여 서로 간에 대립이 생겨나자 비로소 '양심의 자유(freedom of conscience)'라는 개념이 출현하였던 것이다. 이 양심의 자유는 개인 자신이 결정하고 주재하는 개인주의의 중요한 구성 분모 중 하나이다. 덧붙이는 말이지만 '관용'이라는 중요한 개념 역시 바로 이 종교개혁의 배경 하에서 생겨난 것이다.

다시 자본주의의 흥기를 예로 들어 말하면 베버(Max Weber)의 청교도 윤리가 자본주의 형성에 공헌했다는 이론은 이미 모든 이들에게 익숙한 상식이 되어 버렸다.[37] 이런 베버의 이론은 아주 많은 논란을 불러 일으켰지만, 그의 기본 입장은 여전히 유효하다. 영국의 토니(R. H. Tawney)도 베버 이론을 다시 검토한 후 청교도 윤리가 영국의 근로정신과 기업정신을 부흥시키는 데 결정적인 촉매작용을 하였다고 인정하였다. 이뿐만 아니라, 영국 청교도가 영국 국교에

37 독일의 사회학자 막스 베버(1864~1920)는 그의 저서 『프로테스탄티즘의 윤리와 자본주의 정신』에서 금욕적 삶, 노동, 신의 영예를 위한 재물 축적 인정 등 청교도의 에토스가 자본주의의 형성 및 근대적 삶의 양식과 선택적 친화력이 있다고 주장하였다.

굴복하지 않았던 정신(nonconformity)은 영국 민주주의 발전에 공헌한 바가 컸다.

이런 논의들로부터 서양 근대문화에서 기독교가 양면적 성격을 지녔음을 알 수 있다. 제도화된 중세 교회의 권위는 근대과학의 충격으로 이미 철저히 붕괴되었으나, 가치 근원으로서의 기독교 정신은 여전히 각 문화영역에서 만연하였다. 외재 초월형인 서양문화는 기독교에서 완전히 이탈할 수 없었는데, 그렇지 않았다면 가치가 의탁할 궁극적 근원이 없어지게 되는 것이었다. 계몽운동시대 서양의 문화사상가들이 공격한 것은 오직 교회의 전횡과 부패였지 기독교로 대변되는 기본 가치는 아니었다. 최근의 연구에 의하면 반교회주의자 중 가장 열성적이었던 볼테르조차 사실상 하나님을 믿었다. 니체(F. Nietzsche)와 키에르케고르(S. Kierkegaard) 모두 공개적인 저술 활동으로 기독교를 비판하였지만, 기독교의 초기 교리에 대해서는 여전히 존중했다. 이들은 단지 후대 교인들의 저속함과 위선을 참을 수 없었던 것이다. 니체는 고금에 오직 한 명의 진정한 교인이 있었으나, 이미 십자가에 못 박혀 죽었다고 생각했다. 그가 예수와 기독교라는 하나의 개념을 둘로 나누었던 의도는 바로 여기에 있었다. 당대 서양의 신학자들도 니체의 이런 구분을 받아들인다.

07
동양인의 가치 근원

앞 장에서 살펴 본 것은 서양문화의 현대화 과정에 대한 지극히 간단한 개요적인 설명이었다. 이런 설명을 통해 우리는 서양이 걸었던 길은 서양의 특수한 문화체계의 제한을 받았던 것임을 확실히 이해할 수 있다. 동양의 역사문화 배경은 서양과 근본적으로 다르다. 이것이 바로 동양이 매번 서양의 방식을 그대로 모방할 수 없다는 점을 결정적으로 보여준다. 하지만 근대 동양의 사상계는 애초에 오히려 이 점을 정확히 알지 못했다. 강유위(康有爲)가 공교회(孔敎會)[38] 성립을 제창한 것은 분명히 서양의 정교(政敎) 분리를 모방하려 하였던 것이다. 사실상 동양은 내향 초월의 문화 유형에 속했기 때문에 도통(道統) 관념이 한 번도 조직화와 형식화의 과정을 거치지 않았다. 임시적이고 공고하지도 않은 사상으로 성공할 수 없다는 것은 분명하다.

이렇듯 동양의 가치계와 현실세계는 분리되어 있지 않았기 때문에 일반인들이 이 두 세계를 분별하기란 쉽지 않다. 이로 말미암아 5 · 4 운동 이래 반전통주의자들 역시 현대화란 반드시 중국문화 전통을 전면적으로 폐기하는 것을 전제로 한다고 오해하였다. 그들은 어떻게 전통적 정신 자원을 발전시키고 운용하여 현대화를 촉진시킬 것인가 하는 문제는 고려하지 않은 듯하다. 중국의 현대화 과정은 이로 인해 중대한 사상적 좌절을 겪게 되었으며, 이는 오늘날 우리 모두가 목격하고 있는 사실이다. 5 · 4 운동의 지식인들은 중국에서 '문예부흥'과 '계몽운동'을 전개하고자 하였는데, 이는 서양의 역사를 기계적으로 중국에 이식하는 것이었다. 유교에 대한 그들의 공격은 의도적이든 의도적이 아니든 중세 교

38 중국의 강유위(1858-1927)는 공자가 『춘추』뿐만 아니라 육경(六經)을 모두 지었다고 주장했으며, 공자를 교주(敎主)로 추앙하고 서구의 기독교와 같은 중국의 공교(孔敎)를 제창하려고 했다.

회에 대한 근대 서양인의 태도를 닮았다. 다른 말로 하면, 그들은 유교에 대한 비판을 중국문화가 '세속화' 과정에서 필히 겪어야 하는 통과의례라고 여겼다. 하지만 실제로 중국의 현대화가 서양이 겪은 '세속화'의 문제에 근본적으로는 부딪치지 않았던 것은 중국에 서양의 교회 같은 전통이 없었기 때문이다. 가령 억지로 육조(六朝) 시대와 수당(隋唐) 시대의 불교를 서양 중세 기독교에 비유한다 하더라도 선종과 송명리학이 또한 일찍이 세속화를 완성시켰다고 해야 한다. 중국에서 고전 연구는 중단된 적이 없었기에 당연히 무슨 '문예부흥' 운동 같은 것이 필요하지 않았다.

또한 동양에서는 신앙과 이성 간의 대치 상황이 없었고, 게다가 이성이 종교의 억압 하에 장기간 처했던 적도 없었기에 '계몽'이라는 주장은 동양에서 역시 발붙일 곳이 없었다. 칸트(I. Kant)는 「계몽이란 무엇인가?」[39]라는 글의 서두에서

39 『베를린 월간』 1784년 12월 호에 실린 칸트의 글이다. 당시에 목사였던 쵤너 (Johann Zöllner)가 당시에 유행했던 교회를 거치지 않고 결혼하는 이른바 시민결혼이라는 풍습을 낳은 계몽이란 도대체 무엇인가 하는 의문을 제기하였는데, 이에 대한 대답으로 칸트가 쓴 것이다. 칸트는 여기서 계몽을 미성숙 단계의 탈피, 즉 인간이 타인에 의지하지 않고 스스로 지성을 사용할 수 있는 단계로 나아가는 과정이라 정의하고 있다. 칸트에 의하면

'이성을 운용하는 용기'에 대하여 언급하고 있는데, 이는 서양문화를 배경으로 하고 있는 것이다. 송명리학의 일부 기풍이 바로 이러한 정신을 갖고 있기는 하다. 리학(理學)의 '리(理)'라는 글자는 비록 서양의 'reason'과 완전히 같지는 않지만, 서로 상통하는 의미도 적지 않다. 그러므로 중국인은 '이성'이라는 두 자로 'reason'을 번역하였고, 서양인들도 종종 'reason'으로 '리(理)'자를 번역하였다.

필자는 5 · 4 운동을 이끌었던 중국의 지식인들이 중국의 전통 문화에 대해 공격한 것이 완전히 무모한 짓이었다고 말하는 것은 절대로 아니며, 중국 전통문화에 그 어떤 병폐도 없다고 말하는 것은 더더욱 아니다. 5 · 4 운동의 지도자들이 폭로한 중국의 병폐는 모두 사실일 뿐만 아니라, 오히려 내면의 증상을 다 파헤치지 못한 측면이 있다. 그러나 중국문화의 병폐는 내향 초월의 과정이 확립되는 와중에 장기간 누적되어 형성된 것이다. 이런 병폐와 서양의 외재 초월의 문화가 이원론적 세계의 분열 때문에 급격하게 폭발된 병폐를 겪는 것과는 뚜렷하게 다르다. 중국과 서양 양쪽 병증(病症)

당시는 계몽된 시대는 아니어도 계몽의 시대라고는 할 수 있고, 이는 계몽 군주 프리드리히 황제 덕택이라고 글의 말미에서 언급하고 있다.

에는 서로 유사한 점이 있으나 병의 원인은 구별된다. 5·4 운동 지도자들이나 동양의 지식인들은 내과적 병증을 외과적 병증으로 진단한 것이기 때문에 그들의 치료 방법은 시종 종기 제거 수술이나 장기 이식의 범위를 벗어나지 못하였다.

여기서 동양문화의 결점은 토론하지 않겠다. 반대로 필자는 동양문화의 내향 초월성이 현대화 과정 속에서 이미 발생시켰거나 혹은 발생시킬 수 있는 문제에 대해 정면으로 설명하고자 한다. 동양인의 가치 근원은 인격화된 신 관념에 의지하지 않았다. 따라서 중국을 예로 들어 설명하면 중국에는 창조 신화가 없고,[40] 또한 모든 것을 포괄하여 설명하는 신학 전통도 없다. 이런 이유 때문에 다윈(Charles Darwin)의 진화론은 서양에서 강렬한 저항을 일으켰고, 그 여파가 지금까지도 계속되고 있지만, 근대 동양에서 유포될 때는 거의 아무런 방해에 부딪치지 않았다. 물리, 화학, 천문학, 의학 등

40 중국에 창조신화가 결여되어 있다기보다는 기독교적인 인격신에 의한 창조신화가 없다는 의미로 읽어야 한다. 독일의 그림형제가 제시한 신화, 전설, 민담의 3분법을 부정하고 '광의신화론'을 제창한 위앤커[袁珂]의 『中國神話傳說』 같은 연구서를 보면, 중국적 창조신화가 소개되고 있다. 위앤커의 이 책은 국내에 번역되어 있다. 전인초·김선자 공역, 『中國神話傳說』(민음사, 2002)를 참조.

다양한 분야의 지식 체계가 유입될 때도, 동양인들은 이를 거부하지 않았다. 이런 현상을 당시 동양인들이 부국강병을 원했던 절박한 심리 상태로만 설명할 수는 없다. 왜냐하면 일찍이 명청 시대에 사대부 계층이 예수회 소속의 선교사들이 전수한 서학(西學)을 받아들일 때도 그들의 입장이 이미 이와 같았기 때문이다. 17세기 초의 우순희(虞淳熙), 종시성(鍾始聲), 이생광(李生光)등과 같은 중국의 명망 높은 학자들이 마테오리치(Matteo Ricci)의 반은 신학이고 나머지 반은 과학인 『천학초함(天學初函)』을 비판할 때도, 그 비판의 중점은 완전히 신학 방면에 있었고 과학 부분에 대해서는 논쟁이 벌어지지 않았다.

앞에서 이미 언급한 바와 같이, 동양인들은 가치의 근본이 비록 하늘에서 나오더라도 그 실현은 인간의 심성 속에 있다고 생각했기 때문에 '천(天)'에 대해서 존재는 하지만 논하지 않는다는 입장이거나, 그다지 진지하게 고려하지 않았던 것이다. 그들은 인간의 본성 안에 선(善)의 단서가 있다는 점만 인정하면 충분하다고 생각하였다. 과학적 지식은 불가피하게 서양 신학 중의 우주론, 생명기원설 등과 직접적 충돌을 일으킨다. 하지만 "천지의 큰 힘이 생명을 낳는다"[41], "생명 창생이 끊임없다[生生不已]", "한 번 음하고 한 번 양하는 것을 도라 한다"[42], "사람이 금수와 다른 점은 극히 미미하다"[43]와 같은 동양적 가치 관념과 가치 판단은 과학과 첨예하게 대립하지 않는다. 대립하지 않을 뿐 아니라, 게다가 억지로 갖다 붙일 여지가 많다. 담사동(譚嗣同)의 '인학(仁學)'[44]이 하나의 적합한 예증이 된다. 담사동은 구(舊) 물리학 중의 '에테르' 개념으로 유가의 '인(仁)'을 설명하고, 질량 불변과 화학 원소의 개념으로 불교의 '불생불멸(不生不滅)'을 설명하였다. 우리는 이런 실례들로부터 근대 동양인들이 비교적 쉽게 서양의 과학지식을 받아들였던 것은 분명히 그 내향 초월적 가치체계와 관계가 있음을 알 수 있다.[45]

41 "天地之大德曰生" 『周易』「繫辭」下

42 "一陰一陽之謂道" 『周易』「繫辭」上.

43 "人之所以異於禽獸者幾希" 『孟子』「 離婁」下

44 중국 청나라의 사상가였던 담사동(譚嗣同: 1865~1898)은 세계에 미세한 물질이 충만하고 구석구석까지 펴져 있으며, 보이지도 않고, 들리지 않고, 맛볼 수 없으며 냄새도 맡지 못하는 것이 바로 에테르(서양에서 에테르는 '맑고 신선한 대기'라는 뜻으로, 빛의 파동설을 주장한 학자들이 빛의 파동을 전달하는 매개체로 설정한 것)라고 정의하고 있다. 담사동은 에테르로 인해 자연현상, 사회적 관계, 영혼, 인력 등의 모든 현상이 발생한다고 보았다. 에테르는 천지만물이 하나로 통한다는 것을 보여주며, 근본적으로 만물은 평등하다는 것을 나타내는 것이라고 보았다. 인(仁)은 평등을 의미하며, 학은 격치(과학)를 의미한다.

45 저자의 뜻은 알겠으나, 이 설명이 합당한지는 심도 있는 논의가 필요하다.

동양문화가 현대과학을 발전시키지 못하였다는 것은 별개의 문제지만, 과학을 대하는 동양인의 입장은 개방적이었다. 바꾸어 말하면 내향 초월형인 동양문화는 가치 근원을 '실재화(reified)', '형식화' 시키지 않았기에 서양처럼 신의 개념으로부터 파생되어 나온 일련의 체계를 갖춘 이론이어야 한다는 부담은 가지고 있지 않았다. 따라서 과학의 새로운 발견은 당연히 동양인들로 하여금 재차 전통적 가치의 성립 근거를 검토하여 수정하게 하겠지만, 이런 일련의 가치체계가 과학의 진보로 인해 당장 전면적 붕괴 위험까지 이르지는 않을 것이다.

서양 근대 세속화의 역사 진행 속에서 이른바 영(靈)에서 육(肉)으로 돌이킴, 하나님의 세계에서 인간세계로의 회귀는 가장 중요한 전환점이다. 문예부흥 시대의 인문주의자들은 먼저 '인간의 존엄성'이라는 개념을 확립했다. 예를 들어, 피코 델라미란돌라(Pico della Mirandola, 1463~1494)의 인간의 존엄성에 관한 강연 원고는 1486년에 씌어졌다. 하지만 서양에서는 종교와 과학의 양극화로 인해 인간의 존엄성이라는 개념이 견고한 토대 위에 세워지기가 늘 어려웠다. 종교 혹은 형이상학적 방면으로 기운 사람들은 종종 인간의 본질을 지나치게 높이 평가하는 반면에, 무신론이나 유물론 혹은 과학 방면으로 기운 사람들은 인성을 지나치게 낮게 폄하했던 것이다.

최근 심층심리학의 유행으로 일부 학자들은 오직 인간의 '비이성'적 측면에서 인성을 이해하고자 하기 때문에 "인간은 이성적 동물"이라는 전통적 주장은 광범위한 회의에 부딪치고 있다. 이런 점에서 보더라도 이른바 '휴머니즘(humanism)'은 서양사상계에서 줄곧 그리 높은 지위를 차지하지 못했다고 할 수 있다. 사르트르 (J. P. Sarte)의 휴머니즘 중에서 '인간의 존엄성'이라는 것은 오직 공허한 선택의 자유 하나만을 남겨 놓고 있는데, 이는 사실상 인생이 공허함과 방황일 뿐이라는 것이다.

하이데거(M. Heidegger)는 사르트르의 '실존은 본질에 앞선다'라는 주장을 반박하고, 휴머니즘에서는 인간의 특수한 지위를 너무 낮게 평가한다고 생각하였다. 하이데거가 말하는 이른바 인간의 특수한 지위라는 것은 인간이 반드시 궁극적 절대 '존재(Being)'에 의지한다는 것을 가리킨다. 그런데 그의 '존재' 개념은 아주 신비스럽기까지 하여 이해하기 어려운 개념이다. 하이데거 자신이 '존재'는 '신'이 아니라고 누차 밝혔지만, 내가 보기에 '존재'는 '신'을 대체한 것이거나 '신'의 잔영에 불과하다. 그렇지 않다면 '존재는 인간과 가장 가까우면서도 가장 먼 곳에 떨어져 있다'와 같은 말은 해석하기가 더욱 어렵게 된다. 다른 측면에서 또 하이데거는 인류가 이미 '존재'를 망각하였고, '존재'도 인간을 떠나갔다고 말하였다. 즉 이 세상에서 인간은 '돌아 갈 집이 없는' 상황에 처한 것이다. 이런 것들로부터 하이데거가 비록 혼신을 다해 인간을 실제로는 신인 '존재' 단계로 올리려고 하였지만, 결국에는 여전히 인간을 진흙탕 속에 빠지게 하였다는 것을 알 수 있다. 즉 서양에서 인간의 존엄성은 여전히 보증될 수 없었던 것이다. 이것이 세속화 과정 속에서 서양이 '인간의 존엄성'을 확립하는 데 있어서 피해갈 수 없었던 곤란한 문제였다.

08

동양에서 인간 존엄성의 확립

동양문화는 서양처럼 바로 이런 세속화의 단계가 없었기 때문에 인간의 존엄성이란 개념이 공자 이래 공고하게 확립되어 2000여 년 동안 아주 안정되었을 뿐 아니라, 사회 각 분야에 보급될 수 있었다. 공자는 '인(仁)' 개념으로 '인(人)'을 정의하였고, 맹자는 이를 더 상세히 설명하여 인의예지(仁義禮智) 사단(四端)으로 인간의 특성을 설명하였다. 후에 육상산(陸象山: 1139~1192)은 한 발 더 나아가 "일자무식이라도 당당히 한 인간이 되어야 한다"라고 외쳤다. 동양인들은 대부분 이런 견해를 받아들이고 있다.

맹자는 "사람은 모두 요순이 될 수 있다"[46]라고 말하였고, 순자(荀子)는 "거리의 모든 사람이 우임금이 될 수 있다"[47]라고 하였으며, 승려 축도생(竺道生: ?~434)도 "한순간에 부처가 될 수 있다"라고 하였는데, 이런 모든 것들은 인간이 가치 자각의 능력이 있다는 것을 말한다. 그러므로 동양의 '인(人)'자는 가장 보편성을 가지고 있으며 남녀성별의 구분도 없다. 만약 언어와 문자가 문화적 특성을 반영할 수 있다면, 이 '인(人)'자의 발견과 사용은 커다란 연구 가치가 있다. 성인도 물론 사람이고 소인배도 역시 사람인데, 그 중 어디에 속할지는 개인의 선택에 달려있다. 지식이나 지위, 재산이 있다는 것이 인격 또한 분명히 높다고 보장하지는 못하기에 『논어』에 '소인유(小人儒)',[48] '정당하지 못한 부귀는 뜬

46 "人皆可以爲堯舜" 『孟子』「告子」下

47 "塗之人可以禹" 『荀子』「性惡」

48 공자가 그의 제자 자하(子夏)에게 "너는 군자다운 선비가 되어야지 소인 같은 선비가 되어서는 안 된다(女爲君子儒, 無爲小人儒. 『論語』「雍也」편)"라고 말했는데 거기에 있는 말이다.

49 『논어』라 하였지만 원문의 '爲富不仁矣'은 『孟子』「公孫丑」上에 보이는 표현이다. 『論語』「述而」편의 "不義而富且貴, 於我如浮雲"이 의미상 가장 가깝기에 이를 대신 인용 번역한다.

구름과 같다'[49] 등의 말이 있는 것이다.

나는 당연히 동양의 전통사회에서 사람들에게 등급이 있었고, 직업도 여러 가지로 구분되었다는 사실을 부인하지는 않지만 그것은 완전히 다른 별개의 문제이다. 내가 여기서 특별히 강조하는 것은 오직 한 가지인데, 바로 동양문화의 가치체계 중 인간 존엄성의 관념은 모든 사람에게 해당되는 것으로 비록 노예라도 예외가 아니라는 점이다.[50] 우리는 아리스토텔레스가 그의 사회이론에서 노예 계급의 필요성을 인정하였음을 알고 있다. 하지만 동양의 사회사상에서는 처음부터 사람이 노예가 되어야 한다는 것을 부정하고 있다. 그 주요 사상적 근거는 바로 '천지간에 인간이 제일 귀하다'[51]라는 생각이다. 양한(兩漢)시대 노예를 금하는 칙령의 서두에 이 구절은 자주 인용되고 있다.

도연명(陶淵明)은 한 노비를 자신의 아들에게 주면서 편지를 써 말하길, "이 사람도 역시 사람의 자식이니, 마땅히 잘 대해주도록 하여라"라고 하였다. 당나라의 도주자사(道

50 독자는 저자가 중국인의 입장에서 동양문화를 옹호하고 있다는 점을 잊어서는 안 된다.

51 원문에는 "天地之性"이라 되어 있는데, 문맥상 "天地之間"의 오타인 듯하다.

州刺史)였던 양성항(陽城抗)은 도주에서 공납한 단신(短身)의 노비를 풀어주었는데, 이는 당시와 후세까지 미담으로 전해졌다. 백거이(白居易)는 이 일을 특별히 「신악부(新樂府)」에서 가락으로 "도주(道州)의 물과 흙에서 생겨난 자, 오직 단신(短身)의 백성일 뿐 단신의 노예는 아니네"라고 읊었고, 이는 두 구절의 유명한 시구(詩句)가 되었다.

칸트의 도덕철학에서는 인간을 수단이 아닌 목적으로 간주해야 한다고 강조하고, 나의 행위 근거가 보편 도덕법칙이 되지 못한다면 그런 행위를 해서는 안 된다고 하였다. 이런 것은 서양 근대 시기의 가르침이다. 하지만 동양의 유가사상은 이전부터 이런 가르침을 펼쳐왔다. 칸트의 도덕법칙은 공자의 "자신이 원하지 않는 바를 다른 사람에게 베풀지 말라"[52]라는 말에 더 들어맞는다. 이는 기독교의 "자신이 원하는 바를 다른 사람에게 행하라"라는 황금률(Golden Rule)에 비해서 더 합리적이라 할 수 있다.[53] 그래서 볼테르는 어떤 때

52 "己所不欲 勿施於人" 『論語』「顏淵」,「衛靈公」

53 "자신이 원하는 바를 다른 사람에게 행하라"가 저자의 표현처럼 "황금률"이라면 공자의 서(恕)는 은률(Silver Rule)이 되기에 여기서 황금률이라는 표현은 적당하지 않아 보인다. 황금률과 은률에 대해서는 간단히 정리되기 어려울 정도의 복잡한 논쟁들이 동서양 진영의 학자들 사이에서 진행

는 공자의 말로 기독교의 '황금률'을 대체하기도 하였다. 모든 사람이 타인을 나와 같은 사람으로 여기는 것, 이것이 현대 자유주의적 사회의 보편 신념이다. 민주주의 이론 역시 이 신념 위에 건립되었다. 근대 서양인이 늘 말해 온 인간은 태어날 때부터 평등하고 자유롭다는 말들은 모두 이런 기본 신념으로부터 파생된 것에 지나지 않는다. 인간의 존엄성이라는 한 가지에 대해서만 말하면 동양문화는 일찍이 이미 현대적이었으니, 세속화 과정을 통하여 비로소 현대화가 이루어질 필요는 없었다.

서양의 인식론적 사유에 익숙한 사람은 아마도 우리가 어떻게 '천지간에 인간만이 귀하다'라고 인지할 수 있는지 물을 것이다. 이런 단언은 과학적 근거가 있는가? 동양사상사에서 인간의 도덕 본성에 관한 문제는 아주 많은 논증이 있었기 때문에 여기서 상세히 열거할 필요는 없다. 이런 문제에 대한 철학적 논증은 부차적인 것이고, 과학적 증거 역시 논외의 문제인데,[54] 이에 대해서는 일찍이 칸트가 분석한 것

되어 왔음을 기억해야 한다. 일부의 오해에도 불구하고 공자의 '서(恕)'는 사실 예수의 산상수훈, "남에게 대접을 받고자 하는 대로 너희도 남을 대접하라."라는 가르침과 같은 것이다.

이 아주 명백하다. 사실 동양적 사유의 맥락에서 볼 때 이런 것은 원래 문제가 될 수 없었다. 고금의 무수한 도덕 실천의 실례들은 이미 인간이 천지간에 유일하게 가치 자각 능력을 갖춘 동물임을 충분히 증명한다. 동양에서 논리학과 인식론적 사유가 발달하지 못했다는 것은 확실한 사실이지만, 인간의 도덕 본성에 관한 문제는 최소한 오늘에 이르기까지 여전히 논리학이나 인식론이 충분히 답할 수 있는 것이 아니고, 아울러 경험 과학적 방법으로도 완전히 증명하거나 부정할 수 있는 것이 아니다. 그러므로 현재까지는 동양 사람들에게 당장 인간의 도덕 본성에 관한 신념을 버리라고 요구할 만한 절대적 과학 증거가 없다. 여기서 우리는 다시 내향적 초월 가치론이 지닌 현대적 의의를 본다.

전체적으로 보면 동양문화는 가치의 초월적 원천에 대해

54 과학적 증거 특히 인간이 생물학적으로 호모 사피엔스 종의 일원으로서 갖게 되는 생물학적 특성들이 인간 본성을 논함에 있어서 충분히 고려되어야 한다. 인문학자들은 인간 본성을 포함한 윤리 철학의 문제를 더 이상 현인(賢人)들의 손에 맡겨 두어서는 안 된다는 사회생물학자 윌슨(E. Wilson)의 말에 귀 기울여야 한다. 저자인 여영시도 맹자류의 사단과 사덕에 관련된 전통적 주장이 갖는 시대적 한계를 인식하고, 이에 대한 해석을 시도하고 있다. 이 책의 18장을 참고.

서 다만 일반적 긍정에 머물고, 어떤 다른 하나의 완벽한 형이상학적 세계를 건축하여 가치체계를 여기에 안착시키고자 특별히 노력하지 않았다. 그런 연후에 다시 그 세계에 현실적 인간세계를 되비추어 보고 그에 맞게 행동하고자 하였다. 실제적 역사 과정에서 서양의 외재 초월형 문화는 밖으로 강력한 힘을 표출시켜 왔다. 서양인은 시종 외재 초월적 힘에 의해 지배되고 사역되었다. 아리스토텔레스의 '궁극 원인', '부동의 원동자', 중세 기독교의 '섭리(Providence)', 헤겔의 '정신' 혹은 '이성', 마르크스의 '물질'이나 사회과학자가 말하는 역사나 사회 발전의 형식과 같은 것들은 모두 동일한 초월적 관념 실체가 다양한 방식으로 나타난 것이라 볼 수 있다. 영국의 학자 이사야 벌린(Isaiah Berlin)은 이것들을 엘리엇(T.S. Eliot)의 말을 빌려 '거대한 초개인적 힘'이라고 통칭하였다. 이런 힘은 인간을 통해 자신의 가치를 실현시키고자 하였으니, 인간은 이런 초인적 힘 앞에서 오직 어쩔 수 없음과 자신의 미미함을 느끼게 될 뿐이다. 그러므로 한층 더 깊게 보면, 서양에서 근대의 세속화 과정이 사실 그 가치 세계의 구조 자체를 바꿀 수는 없었던 것이다. 과학자들은 앞문에서 '신'을 쫓아냈지만 '신'은 각종 교묘한 변장을 하고 다시 뒷문으로 들어왔던 것이다.

09

동양문화의 내향적 성격

동양문화는 비교적 내향적 경향을 띠며 서양식의 외향적 문화와는 적절히 대조된다. 내향적 문화 역시 자체 내에 내재적 힘을 가지고 있는데 단지 외부에서는 파악하기 어려울 뿐이다. 내재적 역량은 유가의 "자기 자신에게서 구함[求諸己]", "나 자신을 온전히 실현함[盡其在我]"과 도가의 "스스로 만족함[自足]" 등의 기풍에 주로 나타나며, 불교의 "자기 자신에게 의지하고 남에게 의지하지 않음[依自不依他]" 역시 이런 기풍을 강화시킨다. 만약 안과 밖을 상대 개념으로 말한다면, 동양인들은 밖보다 안을 더 중시하였다.

이런 내향적 편향성은 현대화의 과정 중에서 확실히 시의에 들어맞지 않아 적지 않은 폐단을 노출시켰다. 그러나 동양문화가 수천 년 동안 계속되며 끊어지지 않을 수 있었던 것은 이렇게 내재된 질긴 힘이 있었기 때문이다. 『대학(大學)』은 "그칠 곳을 알아야 마음이 정해지고, 마음이 정해져야 마음이 고요해지며, 마음이 고요해져야 편안해지며, 편안해진 뒤에야 사려할 수 있고, 사려한 뒤에야 얻을 수 있다"[55] 라고 하였는데, 이런 구절에서 내향적 문화가 갖는 특성의 소재를 파악할 수 있다. 여기서 말하는 그침[止], 정함[定], 고요함[靜], 편안함[安] 등은 본래 모두 개인의 심리상태를 가리켜 말한 것이지만, 동양문화의 일반적 현상에 적용되지 못할 이유가 없다.

18세기 이래 '진보' 개념은 서양 현대화의 중심이 되었다. 이런 진보 개념에서 보면 편안함, 정함, 고요함, 그침 등에서는 당연히 취할 것이 하나도 없다. 헤겔이 (동양 특히) 중국문화를 무시한 중요 근거 중의 하나가 바로 중국은 예로부터

55 "知止而后有定, 定而后能靜, 靜而后能安, 安而后能慮, 慮而后能得" 『大學』 經1장

진보한 적이 없었다는 점이었다. 5.4운동 당시 중국에서 나타난 중국인들의 자아비판 역시 이러한 헤겔의 견해에 착안한 것이었다. 나 자신도 역시 편안함, 정함, 고요함, 그침 등에만 의지하여서는 동양문화를 현대생활에 적응시킬 수 있다고 생각하지 않는다. 동양의 현대화에는 당연히 '움직임'과 '발전'이 없을 수 없는데, 이는 과학, 기술, 경제 등의 각 방면에서는 더욱 그렇다.

하지만 오늘날 서양의 위기는 바로 '동(動)'적이면서 '정(靜)'적이지 못하고, '발전[進]'은 있지만 '그침[止]'이 없고, '부유[富]'하지만 '편안[安]'하지 못하고, '혼란[亂]'스러워 '안정됨[定]'이 없다는 데 있다. 최근 2~30년 이래로 '진보' 개념은 더 이상 서양문화의 최고 가치 중의 하나가 아니게 되었다. 1960년 컬럼비아대 사학과 교수인 클라우프(Shepard B. Clough)는 『서양 문명의 기본 가치(Basic Values of Western Civilization)』에서 '진보' 개념을 독립된 장으로 다루면서 극구 찬양했었다. 하지만 같은 대학, 같은 과 교수인 니스벳(Robert Nisbet)은 『진보 개념의 역사(History of the Ideas of Progress)』라는 대저의 끝에서 '진보' 개념이 적어도 오늘날의 서양에서는 이미 더 이상 불변의 진리가 아니라고 선언하고 있다.

니스벳은 자신의 책에서 과학발전과 경제성장에 대한 여러 유명한 학자들, 특히 과학자들의 심각한 회의를 열거했다. 그에 의하면 물질적 진보와 정신적 타락은 공교롭게도 비례한다. 이런 점은 물질적 진보에 여전히 미혹되어 있는 비서방 인사들에게 단지 경고와 충고에 그치는 것이 아니다. 니스벳 자신은 마지막으로 종교적 역량의 회복에 희망을 걸고 있다. 또한 그는 이미 서양에서, 그 중에서도 미국에서는 이런 동향을 볼 수 있다고 생각했다.

우리가 니스벳의 예측에 전적으로 동의할 필요는 없겠지만, 현대생활에서 물질적 풍요와 정신적 빈곤이 첨예하게 대조되는 일은 누구나 목격하는 일이다. 실존주의가 폭로한 현대인의 불안, 공포, 무소속감이나 소외감 등과 같은 불안 심리는 더 이상 부인할 수 없는 사실이다. 만약 현대화의 초기 국면에 편안함, 정함, 고요함, 그침 등의 가치 개념이 활용될 수 없었다면, 이제 탈근대(Post-modern)로 진입하고 있는 현 단계에서는 이런 개념들이 우리들의 주목을 받을 만한 충분한 가치가 있다.

이상으로 우리는 동양문화의 가치체계와 그 현대적 의의에 대하여 대략적으로 총체적 관찰을 하였다. 이런 기초 위에 다시 네 가지 문제를[56] 제기하여 이런 가치체계가 개별 문화 영역 내에서 보여주는 구체적 현상을 검토해 보자.

56 저자는 이하의 장들에서 1) 인간과 천지 만물의 관계 (10장-11장), 2) 인간과 인간의 관계 (12장-14장), 3) 자아를 바라보는 입장 (15장-18장), 4) 생사관 (19장)이라는 네 가지 주제 하에서 동양문화와 서양문화를 비교적인 시각으로 논하고 있다.

10

인간과 천지만물의 하나 됨

여기서 자연에 대한 동양인의 시각들을 상세히 논할 수는 없기 때문에 자연을 바라보는 동양인의 입장에 논의의 초점을 두고자 한다. 조셉 니덤(Joseph Needham)은 중국인들은 자연을 일종의 유기체(organism)로 간주하지 하나의 기계(machine)로 여기지 않는다고 하였는데, 이런 견해는 대체로 받아들일 수 있다. 서양의 자연관에는 전후(前後)로 두 개의 큰 유형이 있었는데, 하나는 그리스시대의 유기체적 자연관이고, 다른 하나는 16, 17세기에서 19세기에 이르는 시기에 나타난 기계론적 자연관이다. 현대 생물학과 현대 물리학이 홍기한 이후, 이 두 가지는 다시 혼합되는 추세에 있다.

어찌되었든 중국에는 기계론적 자연관이 존재하지 않는다는 니덤의 말은 크게 틀리지 않는다. 인간과 자연과의 관계에 대한 동양인의 기본 입장은 대략 "인간과 천지 만물은 하나가 된다"는 말로 개괄할 수 있다. 이런 생각은 명가(名家)의 혜시(惠施: BC370?~309?)가 제일 먼저 정식으로 제기하였고, 장자(莊子)가 동조하여 더하였으며 중간에 선종 스님들에 의해 고양되었다. 예를 들면 자조선사(慈照禪師)는 "천지와 나는 같은 뿌리이고 만물과 나는 하나다"라고 하였다. 최후에는 송명리학의 체계에 편입되었으니, 이는 동양 각 학파의 사상에 공통으로 들어 있는 관념이라 할 수 있다.

하지만 인간을 포함한 천지만물은 모두 다른데, 어떻게 한 몸이 될 수 있을까? 여기서 동양 특유의 기(氣) 개념이 언급되어야 한다. 천지만물은 모두 하나의 기가 변하여 이루어진 것이다. 아직 분화되기 이전에는 모두 일기(一氣)에 속하지만 분화 이후에는 각종 존재들로 변화한다. 분화의 과정에 대해서 동양인들은 일반적으로 총괄하여 음양오행(陰陽五行)으로 풀이한다.

그렇다면 기는 또한 무엇인가? 이는 현대 서양적 사고로는 설명할 수 없는 개념이다. 간단히 말해, 기는 생명이 있는 것이지만 이른바 '심(心)'은 아니고 '물(物)'은 더더욱 아니다. 그리스인들이 비록 자연을 유기체로 간주했지만, 이 유기체는 마음 혹은 영혼과 물질의 두 가지 원소가 합쳐진 것이다. 이 점은 동양의 기적(氣的) 우주관과 여전히 크게 구별된다. 동양에서는 "천지의 큰 힘이 생명을 낳는다",[57] "생명의 창생이 끊임없다[生生不已]"라고 믿기 때문에 천지만물의 운행은 일기(一氣)의 이합취산이 만들어내는 무궁한 과정이다. 인간도 천지만물에 속하지만, 만물의 영장이기 때문에 능히 "천지가 만물을 변화시키고 양육하는 것을 도울 수 있다[贊天地之化育]." 이른바 "인간과 천지만물의 하나 됨" 혹은 "천인합일(天人合一)"이라는 말의 비교적 확실하고 적절한 의미가 바로 여기에 있는 것이다. 이런 우주론을 만약 엄격하게 철학적 기준으로 검토한다면 당연히 여러 문제를 함유하고 있을 것이다. 하지만 여기서 이를 자세히 논할 필요는 없다. 주목할 가치가 있는 것은 2000여 년 동안 동양인들은 대체로 이런 견해를 받아들였다는 점이다.

이런 견해로부터 시작하여 동양인들은 '사물의 본성을 온전히 실현함[盡物之性]'과 '만물은 함께 양육되면서도 서로

---

57 "天地之大德曰生" 『周易』「繫辭」下

해치지 않는다[萬物竝育而不相害]'와 같은 정신을 발전시켰다. 물론 동양인도 자연자원을 개발하여 생존을 도모하지 않을 수 없었기 때문에 '이용후생(利用厚生)'이나 '개물성무(開物成務)'[58] 등의 정신도 가지고 있었다. 그러나 '이용(利用)'은 여전히 '사물의 본성을 온전히 실현'하고, '사물의 실정을 따르는 일'로, 천지만물과 협조하고 공존하는 것이지 정복하는 것이 아니었다. 이런 점은 서양 근대의 자연에 대한 생각과 분명히 서로 다른 점이다.

근 2~300년간 동양의 과학기술이 서방보다 낙후되었다는 것은 모두가 공인하는 사실이다. 그리고 과학과 기술의 놀라운 비약적 발전은 바로 현대화의 중요한 특징이다. 이 점에서 보면 동양문화는 참으로 현대생활에서 벗어나 있었던 셈이다. 그러므로 동양이 반드시 서양의 과학기술을 흡수하여야 한다는 것은 이미 결정이 난 사안이다. 니덤이 비록 『중국과학문명사』라는 대저를 편찬하였지만, 여전히 과거 동양이 현대 서양의 '과학기술'을 보유했음을 증명할 수 없었다. 사실 만약 우리가 객관적으로 차분하게 니덤의 저작을

58 이용후생(利用厚生)은 『고문상서尙書』(大禹謨)에, 개물성무(開物成務)는 『주역』(繫辭 上)에 나오는 말이다.

읽어보면 전통적인 동양의 기술은 과학과는 거리가 멀다는 것을 인정하지 않을 수 없다. 비록 양자의 관계가 대단히 밀접하다 해도, 여기서 우리는 과학과 기술을 구분할 필요가 있다.

기술은 응용의 범주에 속하기 때문에 경험으로부터 모색하여 얻을 수 있고, 게다가 종종 그러한 사실은 알지만 그렇게 된 이유는 모른다. 과학은 자연현상 각 방면의 법칙에 대한 체계적 연구를 진행시키기 때문에 정밀한 방법과 도구를 요구할 뿐만 아니라, 또한 정확한 이론 설명을 갖추어야 한다. 서양의 문화는 이 점에서 특별히 눈에 띄는 성과를 거두었다.

동양이 어떻게 해서 체계적인 '과학이론'을 결여하였는지는 대단히 답하기 어려운 문제이다. 역사적 배경이나 사회경제 형태 등의 여러 외연적 요소들은 접어두고 언급하지 않더라도 이 문제에 대해 우리는 적어도 문화 가치체계로부터 탐색해 나가야 할 것이다. 수학, 천문학, 물리학, 생물학 등 어느 분야를 막론하고 각 부분의 연구 성과에서나 체계적 분류로 말하자면, 서양의 과학은 그리스시대 때 이미 동양을 넘어섰다. 오직 실용기술 방면에서만 동양은 17세기 이전까지 서양에 비해 별로 손색이 없었다. 도대체 어떻게 이 사실을 설명해야 할까?

외향적인 서양문화의 정신은 과학의 발전에 도움을 주었지만, 내향적인 동양문화의 정신은 사람들로 하여금 외재세계에 대하여 체계적 이해를 추구하도록 적극적으로 격려하지 않았다고 나는 생각한다. 이런 생각을 제대로 진지하게 논의하는 것은 물론 쉽지 않다. 간단히 말해서 피타고라스(Pythagoras)가 추상적 수학 형식으로 사물 활동의 외재적 구조를 풀이한 것이 서양 최초의 1차 과학혁명이었다. 이는 서양 사람들이 처음으로 수학의 관점에서 물리적 문제를 해결한 것이다. 나의 이런 해석은 콜링우드(G. Collingwood)의 『자연에 대한 관념(The Idea of Nature)』을 근거로 한다.

플라톤은 피타고라스의 수학적 형식 개념을 근거로 '이데아설'을 발전시킴으로써, 세계를 둘로 나누게 되었고 이는 서양사상이 지향하는 외재 초월적 길을 더 확실히 정립시켰다. 플라톤은 세계의 질서와 규칙을 신이 안배한 결과라고 생각하였는데, 이는 바로 하나의 초월적 시각을 제공하며 사람들로 하여금 전체적으로 천지만물을 이해하도록 하였다. 그리스의 저명한 수학자이며 물리학자인 아르키메데스(Archimedes)는 "나에게 충분히 긴 지렛대와 서 있을 자리를 주면 지구를 들어 올릴 수 있다"[59]고 말한 적이 있다. 외재 초월적 정신이 체계적 과학의 발전을 불러올 수 있다는 것은 아르키메데스의 이 말에 생동적으로 표현되어 있다. 뉴턴 이후 서양의 기계적 자연관의 성립도 여전히 바로 이 외재 초월적 시각에 그 연원을 두고 있다. 자연세계는 신이 만든 일종의 시계 같은 기계이며, 과학자의 임무는 바로 이런 기계가 어떻게 구성되어 있고, 어떻게 운용되는지를 밝히는 것이다.

59 원문의 중국어 표현과는 좀 다르지만, 우리에게 친숙한 표현으로 번역한다.

11

내향문화의 인문주의적 경향

동양에서는 현상 경험세계와 초월계가 일치하지도, 분리되어 있지도 않다. 하늘과 인간은 그 덕(德)에 있어서 하나가 될 수 있으며, 본성을 온전히 실현하면 하늘을 알 수 있다고 여기기 때문에 그 추구하는 바가 내적인 것에 있다. 천지사방이라는 육합(六合) 이외에도 존재하는 것이 있지만, 이에 대해서는 논하지 않았던 것이다. 순자(荀子)에게는 '제천(制天)'과 '역물(役物)'[60] 사상이 있는데 이는 유가사상에서 예

60 순자에 이르면 하늘〔天〕은 공맹류의 도덕천이 아니고 인간에 외재하는 자

외에 해당한다. 하지만 순자도 여전히 "군자는 자기 자신에게 있는 것을 귀하게 여기고, 하늘에 있는 것을 흠모하지 않는다"[61]라고 말한다. 순자의 정신 방향은 여전히 내향적 경향을 띠지 외향적이 아니며, 초월적 외재 세계에 대한 생각은 아직 형성되지 못하였음을 알 수 있다.

물론 수천 년의 동양 역사에서 외향형의 사상가가 한 명도 없었다는 것은 아니다. 예를 들면 중국 송대(宋代)의 심괄(深括) 같은 학자가 그 중 하나이다. 서양에서도 내향형의 사상가가 전혀 없지는 않았는데, 후기 스토아학파의 세 철인인 세네카(Seneca), 에픽테토스(Epictetus), 마르쿠스 아우렐리우스(Marcus Aurelius)는 덕성의 자족을 강조하였으니, 이는 분명하게 외적 경향에서 내적 경향으로 전환하였음을 의미한다.

그러나 대체로 말해서 동양의 사상은 서양에 비해 비교적 실제적이고, 확실히 인생문제에 꼭 들어맞으며, 내재적 계통

연의 의미로 바뀌게 된다. 즉 하늘은 어떠한 목적이나 의식을 가지고 인간에게 명령하지 않는 객관 객체의 자연이다. 나아가 그는 하늘과 인간의 직분을 구분해 밝히고[天人分二], 인간이 적극적으로 자연을 제어하며[制天] 모든 것을 부려야 한다[役物]고 주창한다.

62 "君子敬其在己者, 而不慕其在天者" 『荀子』「天論」

이지 외재적 계통의 사상은 아니다. 추상화, 이론화, 논리화라는 사고방식은 동양적 특색이 아니고 중시되지도 않았다. 중국 북송의 유학자 장재(張載: 1020~1078)의 사상은 비교적 서양식의 체계적 사고유형에 가까운데, 이로 인해서 이정(二程)은 그의 사상을 '성숙되지 못하였다'라고 비판하여 '지극히 고심한 흔적이 있다'라고 말하였다.

여기서 지적하고자 하는 바는 누가 누구보다 더 뛰어난지의 문제가 아니라, 그들 간에 마음을 쏟아 부은 공부의 대상이 다르다는 점이다. 내향문화는 인문영역 안의 문제에 치중하고 외향문화는 인문영역 밖의 자연이나 혹은 그 이상의 종교적 문제에 치중한다. 여기서 우리는 동양이 과학을 발전시키지 못한 이유에는 문화적 배경이 있음을 알 수 있다. 이와 관련하여 밝혀야 할 것은 내가 문화가치 결정론을 주장하는 것이 아니고, 이런 문제를 논하는 데 있어서는 다른 외연적 요소들도 반드시 고려되어야 한다는 점이다. 여기서는 오직 과학 발달과 문화가치가 관련이 있음을 지적하고자 할 뿐이다.

서양에서 과학의 비약적인 발전은 비록 최근 2~300년간의 일이지만, 그 근원은 필연적으로 그리스시대까지 소급되어 올라간다. 만약 동양이 과학의 발전이라는 방면에서 세계적 수준을 좇아가고자 한다면, 단지 '서양화'의 길을 가면 된다. 이 특정한 문제에서는 현대화와 서구화는 동의어다. 그러나 동양 또한 실용적으로 필요해서 발전된 기술적 전통이 있기 때문에, 우리는 쉽게 과학과 기술을 혼동하여 하나로 말한다. '과기(科技)'라는 복합명사는 내가 이해하기에 '과학과 기술'을 가리키는 것이 아니라 '과학적 성격의 기술'을 가리킨다. 기초과학 연구는 실용성을 최고의 목적으로 하지 않고, 진리를 위한 진리이며 지식을 위한 지식이다. 이는 인간의 이성을 활용하여 세계를 설명해 내고 세계를 인식하는 것이다. 과학적 진리가 실용성을 갖고 있는가 하는 것은 이차적인 문제이다.

3백여 년 전 베이컨(F. Bacon)은 과학과 관련된 두 개의 몽상을 제기하였는데, 하나는 과학의 힘으로 우주를 정복하는 것이고, 나머지 하나는 과학 지식으로 세상의 참된 모습을 인식하는 것이었다. 후자는 기초과학 연구에 속하고, 전자는 기술 발전의 영역에 속한다. 베이컨이 참으로 흥미를 느꼈던 바는 과학기술을 이용하여 자연을 정복하고 통제하는 것이었다. 이른바 "아는 것이 힘이다"라는 구호도 베이컨에서 기원한다. 그러므로 엄격하게 말해서 자연을 다루는 베이컨의 태도가 서양에서 말하는 현대화의 주요 내용 중의 하나가 된다. 이것은 기초과학 연구와 구별되어야만 한다. 이성을 활용하여 진리를 얻고자 하는 것은 그리스시대 이래 서양문화의 일관된 기풍이었고, 이는 외재 초월형인 서양 가치체계의 구체적 표현이었다. 최소한 현재에 이르기까지 이것은 초시간적인 것이어서, 이른바 '현대화'라는 문제가 존재할 수 없었다.

5 · 4 운동 이래 중국인들이 동경하였던 서양의 과학을 만약 자세히 분석해 본다면, 그 중 '과학'의 요소는 적고 '과학적 기술'의 성분은 많다는 것을 알 수 있다. 이는 지금까지도 계속 그래왔고 심지어 더욱 심해지고 있다. 중국 대륙에서 제기한 '사대(四大) 현대화'는 모두 과학적 기술 방면의 일이다. 지금까지도 중국인들은 서양의 '진리를 위한 진리', '지식을 위한 지식'을 추구하는 정신을 여전히 제대로 이해하지 못하고 있다. 우리가 추구해온 것은 '과학적 기술'로 부국강병의 목적을 이루려는 것이다. 그런데 오늘날의 서양은 이미 점점 더 '과학적 기술'을 추구해야 할 적극적 가치로 여기지 않는다. 원자력의 가공할 위험과 자연생태의 파괴, 에너지 고갈의 위기 등이 모두 인류문명에 참으로 실제적 위협이 되고 있다.

가장 걱정되는 것은 '과학적 기술'이 세계를 정복하였을 뿐만 아니라, 인간도 통제한다는 것이다. 이는 당시 베이컨이 꿈에도 생각하지 못했던 부작용이다. 인간은 이미 '과학적 기술'의 주인이 아니라 그것의 노예로 변해버렸다. 하이데거의 개념을 사용해서 말하면 인간은 '과학적 기술'의 '상비 예비군(standing reserve)'이 된 것이다.

서양 사상가들은 이미 여러 각도에서 이런 '과학적 기술'이 세계적 위기를 초래하고 있다고 지적하였다. 하지만 실존주의나 비판이론에서 말하는 수많은 말들이 장자의 다음과 같은 한마디에 미치지 못하는 것 같다.

> "기계(機械)가 있으면 반드시 기계에 의한 일이 생겨나고, 기계에 의한 일이 생기면 반드시 기계에 사로잡히는 마음이 생겨난다. 그런 마음이 심중에 있으면 순수한 본연적 자연스러움이 없어지게 되고, 순수한 본연적 자연스러움이 없어지게 되면 정신의 작용이 불안정하게 된다. 정신의 작용이 불안정하게 되면 도가 깃들지 않는다."[62]

62 자공(子貢)이 초(楚)나라를 여행하고 진(晉)나라로 돌아가는 도중 한수(漢水) 남쪽에서 밭일을 하는 노인을 만나 대화를 나눈 일화에 등장하는 구절로 『莊子』「天地」에 나와 있다. "有機械者必有機事 有機事者必有機心 機

여기서 말하는 기계는 물을 끌어 올리는 데 사용한 도르래를 가리키며, 이는 일종의 가장 간단한 원시적 공구이다. 도가가 그 편리함을 몰랐던 것이 아니라, 그들이 예방하고자 한 것이 바로 '기계에 사로잡히는 마음[機心]'이었다. '과학적 기술'이 인간을 통제하게 된 것은 바로 '기심'이 '인심(人心)'을 대체한 것이다. 비록 인간이 '과학적 기술'을 발명했지만, 종국에는 '과학적 기술'의 '상비 예비군'으로 전락했으니, 이것이 바로 우리가 늘 듣는 이른바 '소외(alienation)' 현상이다. 도가는 문화를 부정하는 태도를 갖고 있었기 때문에 '과학적 기술'이라는 말은 논의의 대상 자체가 될 수 없었다.

내가 위에서 『장자』의 구절을 인용한 것은 물론 무조건적으로 현대의 '과학적 기술'을 배척하자는 것이 아니다. 왜냐하면 이는 불가능하고 게다가 어리석은 짓이기 때문이다. 그러나 '감천역물(戡天役物: 하늘을 다스리고 모든 것을 부린다)'의 주장이 그 의미를 잃은 오늘날 장자의 위의 말은 오히려 우리 모두에게 깊은 자성을 일으키기에 충분하다. "인간

心存於胸中 則純白不備 純白不備 則神生不定 神生不定者 道之所不載也"

과 천지만물의 하나 됨"이라는 사고는 진정 현대적이라 할 수는 없겠지만, 오히려 초현대적인 새로운 계시를 내포하고 있는지도 모른다.

12

오륜(五倫)

이 문제는 개인과 개인 간, 개인과 집단 간과 서로 다른 계층의 사회집단 사이의 관계를 반드시 포함해야 한다. 하지만 여기서는 근본 원칙에 대하여 간단하게 논해 볼 수 있을 뿐, 자세한 논의는 불가능하다. 인간과 인간 사이의 관계를 동양에서는 줄곧 '인륜'이라 불러왔다. '윤(倫)'자의 의미를 후세의 주석가는 '순서[序]'라고 말한다. 이는 즉 일종의 질서를 의미한다. 맹자는 "부자유친(父子有親), 군신유의(君臣有義), 부부유별(夫婦有別), 장유유서(長幼有序), 붕우유신(朋友有信)"이라 했다.[63] 이 오륜은 대체로 사회에서 가장 빈번히 볼 수 있는 몇 종류의 개인관계를 포함한다. 비록 모든 인간관계를 포괄하지는 않지만, 주요 유형은 이미 모두 구비되어 있다.

예를 들면, 그 중 '붕우(朋友)' 윤리는 사제관계를 포괄하고 '장유(長幼)' 윤리는 형제 윤리를 포괄한다. 오륜에서는 상호 관련된 두 가지 논점이 가장 주목할 만하다. 첫째는 오륜 관계가 개인을 중심으로 발전해 나간다는 점이다.[64] 개인적 관계가 같지 않으면 관계를 유지할 원칙도 다르니, '친(親)'이나 '의(義)' 등이 바로 그렇다. 둘째로 인간과 인간 사이의 자연적 관계를 강조하기 때문에 오륜은 부자관계에서 시작된다. 그 중 군신관계의 윤리는 현대인의 눈에 비록 자연적 관계가 아니겠지만, "아버지가 없고 군주가 없는 것은 금수"[65]라는 맹자의 입장에서 보면 여전히 자연적

63 독자는 맹자가 말한 오륜의 순서가 일반적으로 알려진 것과 다르다는 데 주의해야 한다. 맹자만 하더라도 군신유의보다 부자유친을 먼저 언급하였다. 오늘날처럼 오륜의 순서에서 군신유의를 맨 앞에 두는 것은 한(漢) 제국이 성립되어 가부장적 정치권력이 완성된 이후의 일이다.

64 진정한 의미에서 주체적 개인의 등장이 서양에서도 근대 시기의 일임을 고려한다면, 여기서 말하는 '개인'의 의미에 대해서 논의가 필요하겠지만 저자의 표현대로 그대로 '개인'이라 표기하였다.

65 "無父無君, 是禽獸也" 『孟子』「藤文公」下

관계이다.

헤르더(Herder)는 자연적 관계(natural relations)라는 관점에서 출발하여 부자, 부부, 형제, 붕우관계의 4가지 윤리는 긍정하였지만, 국가는 자연적 통치 관계가 아니라고 여겨 군신관계의 윤리만은 받아들이지 않았다. 이는 시대가 다를 뿐만 아니라 역사적 배경이 다른 것에 기인하는 바가 더 크다. 고대 중국의 '봉건'은 본래 가족관계에서 확대되어 나온 것이어서 맹자가 군신관계를 자연적으로 본 것은 이해할 만한 여지가 있다.

심지어 자연을 숭상한 장자(莊子)도 역시 군신 간의 의리를 '천지간에서 피해 갈 수 없는 것'이라 분명하게 말한다. 나는 여기서 군신관계가 합리적인지 아닌지 하는 문제를 증명하고자 하는 것이 아니다. 사실상 우리가 무정부주의를 지향하거나 혹은 진정한 대동세계를 이루지 못한 상황이라면 군신관계, 즉 지금의 상사와 부하, 영도자와 하급관리, 주인과 종업원 등의 관계는 결국 있을 수밖에 없다. 나의 주된 의도는 하나의 역사적 사실, 즉 맹자와 장자 시대에 일반적으로 오륜을 자연관계로 해석하였다는 것을 지적하고자 할 뿐이다.

하지만 후세의 중국인들도 군신관계가 자연적 관계가 아

니라는 것을 알았다는 것이 반드시 지적되어야 한다. 예를 들어 조비(曹丕)가 "군주와 부친이 각각 심각한 질병에 빠져 있는데, 약은 하나뿐이어서 한 사람만을 구할 수 있다면 마땅히 군주를 구해야 하는가, 아니면 부친을 구해야 하는가?" 라고 묻자, 당시 그 자리에 있던 인사들의 논의가 분분하였다. 시간이 좀 지난 후에 병원(邴原)이 당혹스러운 기색으로 "부친입니다"라고 대답하였다.[66] 이는 분명히 부자관계가 '자연관계'이고 군신관계가 '비자연적 관계'라는 것을 보여주는 사례이다. 어떤 사람이 주자(朱子)에게 "오직 군주를 섬기는 일만을 충(忠)이라 하는데, 무엇 때문인가?" 하고 묻자, 주자는 "부자와 형제, 붕우관계에서는 친(親), 서(序), 신(信)으로 그 도리가 구분되더라도 서로 친할 수 있겠지만, 군주를 섬기는 데에는 상하계층의 구분이 대단히 엄격하다. 사람마다 어쩔 수 없다는 마음으로 군주를 섬긴다면 이는 진실된 충심에서 나온 바가 아니다"[67]라고 하였다. 그 중 "사람마다 어쩔 수 없이"란 한 마디가 위의 '비자연적 관계'에 대한 살아 있는 묘사가 된다.

66 『三國志 魏書』 券10, 邴原傳註引 「原別傳」- 원주.
67 『朱子語類』 券二十一 - 원주.

현대의 사회학자들은 늘 동양인들이 개인관계를 중시한다는 점에 근거하여 동양의 사회관계는 오직 '개체적 특수성(particularistic)'만 있고 '보편성(universalistic)'이 없다고 판단한다. 나아가 이런 견해는 동양 사회는 전통적이고 현대적이지 못하다는 논거로 다시 변한다.[68] 개인적으로는 이런 주장에 대해 대단히 회의적인데, 실제 사정을 살펴보면 '특수성'과 '보편성'은 어떤 사회에서나 모두 동시에 나타나는 현상으로, 미국이나 영국에서도 개체적 특수성의 관계가 출현한다는 것을 증명할 수 있는 결정적 실례들이 있다. 문화적 가치의 측면에서 보아도, 동양과 서양 모두 최고의 보편원칙이 있으며 이는 모든 개인에게 적용된다. 이런 원칙은 서양에서는 '정의(justice)'가 대표적이며, 동양에서는 '인(仁)'이—후대에는 '리(理)'가—대표적이다.

정의와 인에는 당연히 다른 점이 있는데, 이는 외향문화와 내향문화의 차이에서 발생한다. 정의는 하나의 법률 개념으

68 이런 비판은 대개 헤겔의 동양사회론에 근거하고 있다. 헤겔은 인류의 역사를 동양 세계, 그리스 세계, 로마 세계, 게르만 세계의 4단계로 구분한 뒤, 동양사회를 역사 없는 최유년기 문명으로 간주하는 유럽 중심주의적 시각을 갖고 있었다.

로 그 근원은 신입법설(神立法說)에 있으니, 이는 외재 초월형 문화가 취하는 방향이다. 인은 하나의 도덕 개념으로 그 근거는 심성론에 있으니, 이는 내향 초월형 문화가 취하는 방향이다.

서양인들은 신이 인간을 창조하였다고 믿기 때문에 신이 입법한 법조문에 반드시 복종해야 한다고 믿었다. 로크(John Locke)는 한 개인이 신이라는 다른 존재에 의해서 창조되었다면 자신을 창조한 존재가 정해놓은 계율(precepts)에 복종할 의무가 있다고 분명하게 지적하였다. 롤스(J. Rawls)는 그의 『정의론』에서 여전히 이를 일반성(generality)의 원칙으로 인정하고 있지만, 여기에는 문제가 있는 듯하다. 이 원칙을 서양사회에 적용시키는 데는 결코 어려움이 발생하지 않는다. 왜냐하면 그들은 그들의 생명을 신이 주신 것이고 게다가 신은 오직 한 분이라고 믿기 때문이다.

시험적으로 이런 일반성의 원칙을 하나님을 믿지 않는 동양사회에 적용하면 어떤 결과가 발생할까? 공자의 인(仁)은 효 관념을 포함하는데, 이를 서양의 시각에서 보면 특수성의 길로 들어선 듯하다. 하지만 만약 로크의 원칙을 그대로 원용해 적용하면, 공자의 "3년 동안 부친의 유습을 바꾸지 않으면 효자라 할 수 있다"[69]라는 이 구절이 '정의론'과 부합된다는 것을 효과적으로 마침 잘 증명하는 것은 아닐까? 왜냐하면 동양인들은 줄곧 '부모가 나를 낳았다'고 믿어왔기 때문이다. 동양 법률에서 부권(父權)은 대단히 강력해서, 자손이 불효를 저지르거나 가르침이나 계율을 어기게 되면 할아버지나 부친으로부터 매질을 당해 죽음에 이르기도 하지만, 그 죄는 아주 가볍고 심지어는 살인죄가 성립되지 않기도 한다. 그 근거가 바로 로크가 말한 원칙에 있다. 하지만 만약 사람을 '하늘'이 만들었다고 여기게 되면, 부모의 역할은 오직 이를 위탁받은 매개작용에 그치기 때문에 부친이라도 자녀를 죽일 수 없게 된다. 『백호통(白虎通)』이 바로 이처럼 언급하고 있는데, 이는 로크의 원칙을 미리 설계한 듯하다.

이 문제가 당연히 이처럼 간단하지만은 않다. 필자 또한 여기서 '3년 동안 부친의 유습을 바꾸지 않는 효도'를 제창하고자 하는 것도 아니다. 지적하고자 하는 것은 인(仁)과 정의는 모두 보편적 가치이고, 그 둘 사이에서 다른 바는 서로 다른 문화권이기 때문에 서로 다른 가치가 미리 설계되어

69 "三年無改於父之道, 可謂孝矣" 『論語』 「學而」와 「里仁」편에서 보인다. 논어 같은 잠언집 형태의 텍스트에서 두 번 언급되었다는 것은 논어의 저자들에게 중요하게 여겨진 구절이라고 볼 수 있다.

있다는 점이다. 동양의 가치체계는 객관화되고 형식화된 '신'의 관념이 전제되어 있지 않았기 때문에 법률도 절대적 신성성을 갖지 못하였고, 가치체계상 최고의 위치를 점하지도 못했다.

하지만 최상은 아니더라도 동양에서도 법은 보편성을 갖추고 있었다. 고수(瞽叟)가 살인을 저지르고 고요(皐陶)가 법을 집행하게 되면 순 임금은 부친인 고수를 업고 해안가로 도망칠 것이라는 맹자의 유명한 얘기는[70] 바로 법률이 보편성을 갖추었음을 인정하는 한 가지 표현형이다. 그러나 '법'은 동양 가치체계 중에서 최고의 권위를 가지지 못했기 때문에 다른 기본 가치인 '효'와 협력해야만 했다. "그 아비가 양을 훔치자 그 자식이 이를 고발하였다"[71]는 섭공(葉公)의 말에 대한 공자의 반응이 또한 같은 원리를 표명한다. "아비는 자식을 숨겨주고, 자식은 아비를 숨겨주니 곧음이 그 안에

70 천자(天子)인 순(舜)의 아버지 고수(瞽叟)가 살인을 저질렀다면 법을 집행하는 고요(皐陶)는 고수가 천자의 아버지라는 사실에 개의치 않고 떳떳하게 법을 집행할 것이고, 또 자식된 자의 도리를 중히 여기는 순은 천하를 초개처럼 버리고 아버지를 업고 도망칠 것이라는 이야기로 『孟子』「盡心」上에 등장한다.

71 "其父攘羊 而子證之"「子路」

있다"[72]라는 것이 동양 가치체계 아래에서의 '정의'인 것이다. (이 예문에서 '곧음[直]'은 바로 '정의'의 뜻이다.)

72 "父爲子隱, 子爲父隱, 直在其中矣" 「子路」

13 동양인의 가치체계

개인과 집단 사이, 그리고 각계각층의 사회집단 간의 관계에서 동양의 가치체계는 모두 개인적인 자연관계를 기점으로 한다. 『대학(大學)』 중의 '수신(修身) · 제가(齊家) · 치국(治國) · 평천하(平天下)'는 이 가치체계의 가장 분명하고 구체적인 표현이다. 정치사회적 조직은 단지 인륜관계가 점차적으로 확대된 것으로 개인을 중심으로 하여 단계별로 확장되어 나아간 것이다. 각계각층의 사회집단 중에서 '가(家)'는 의심의 여지없이 제일 중요하고 가장 기본적인 연결고리가 된다. '나라'와 '천하'도 '가'를 근본으로 한다. 그래서

'국가'라든지 '천하는 한 집안이다' 혹은 '사해(四海) 사람들이 모두 형제이다'와 같은 종류의 관념이 생겨나게 된다. 이는 자연적 혈연관계를 중시하는 동양사회가 반드시 도달하게 되는 결론이다.

인류의 집합이 만약 자연적 인간관계의 끝없는 확대에서 나온 것이라면 국가라는 단위가 그 끝단계가 아니며, 마지막에는 필연적으로 '천하대동(天下大同)' 단계에 이르게 될 것이다. 이른바 '천하' 의식의 출현은 비록 중국의 역사와 지리적 배경과 관계가 있지만 '대동'은 분명히 '인(仁)'의 가치관이 제일 잘 체현된 개념이다. 장자는 "[갖가지 것들을] 서로 다른 채 그대로 같게 만들면 이를 큼(大)이라고 한다"[73]라고 하였는데, 이 말에서 '대동'이란 각종 '다름'을 받아들여 한층 더 높은 종합의 경지에 도달하는 의미란 것을 알 수 있다.

우리가 동양의 전통적 사회이론을 분석할 때는 반드시 두 가지 기본 요소에 주목해야 한다. 하나는 가치 자각능력을 갖춘 개인이며, 다른 하나는 자연적 단계에 기초하여 형성된

73 "不同同之之謂大" 『莊子』 「天地」 여기서 장자의 뜻은 잡다한 것들을 무리해서 서로 같게 하지 않아도 저절로 같아지게 하는 것이 참된 '큼'이라는 것이다.

'가(家)'이다. '가' 이외에 '족(族)'이나 '국(國)', '천하(天下)'처럼 더 큰 사회집단도 모두 '가'의 확대이며, 향당이나 종교단체, 각종 사회 직능단체들도 예외가 아니다. 불교에서는 출가를 말하지만, 흥미로운 것은 중국 불교의 승려 조직은 여전히 '조(祖)-종(宗)-자(子)-손(孫)-질(姪)' 같은 일련의 종법제도 관념에 의지해 유지되고 있으며, 그 앞에 '법(法)'자 하나를 덧붙이고 있는 것에 지나지 않는다는 사실이다. 게다가 그들 간의 상하서열 구분은 대단히 엄격하였다. 예를 들어 청대 초에 목진(木陳) 스님이 벽암(碧巖) 스님[熊開元]을 한 대 때렸는데, 후에 다른 사람들에게 편지를 써서 다음과 같이 말하였다. '벽암이 영암법자(靈嵒法子)라고 자임하는데, 영암은 우리 집안의 조카이니 출가한 산승이지만 가법(家法)으로 다스릴 수 있다.' 이러한 것이 극명한 예가 된다. 이후에 자주 사용된 풍자적 표현인 '스님께서는 어째서 출가하지 않으셨는가?' 같은 우스갯소리는 바로 여기서 생겨났다.

사회조직이 자연적 인간관계를 위주로 한다는 것은 유가의 지론일 뿐만 아니라 도가 역시 이와 같다. 그래서 위진(魏晉)시대의 신도가는 '명교(名教)'가 필히 '자연(自然)'[74]에 부합해야 한다고 주장했다. 앞장에서 인용한 병원(邴原)의 대답이 바로 이런 한 예가 된다.[75] 자연적 인간관계를 유지시키는 중심 가치는 바로 '고름[均]', '안정[安]', '화합[和]' 등과 같은 종류의 것이다. 공자는 "나라와 집이 있는 사람은 부족함을 걱정하지 않고 고르지 못함을 걱정하며, 가난함을 걱정하지 않고 안정되지 못함을 걱정한다. 대개 고르면 가난함이 없고, 화합하면 가난함이 없으며, 안정되면 나라가 기울지 않는다"[76]고 말하였다.

이미 모두가 한집안 사람이라면 인간관계는 자연스럽게 발전될 것이고, 화합하며 서로 돕는 일이 이루어진다. 화합이란 한결같이 획일된 것이 아니니 '군자는 화합하되 부화뇌동하지 않는'[77] 것이다. 그러므로 화합함은 먼저 사람들이 다르다는 것을 인정하는 것이다. '고름'도 역시 기계적인 평등이 아니라 균형을 의미한다. 동양적 사회가치 중 '화합'과

74 위진 신도가, 즉 玄學은 유가와 도가를 도가의 입장에서 회통하는 성격을 띠고 있다. 현학가들은 우주만물의 자연질서와 인간사회의 도덕질서를 하나로 일치시키는 것을 중심 과제로 삼았다. 우주만물의 자연질서를 의미하는 '자연'은 노장의 도가사상을, 인간사회의 도덕질서를 의미하는 '명교'는 공자의 유가사상을 상징한다.

75 이 책의 12장 pp. 60-61 참고.

76 "有國有家者, 不患寡而患不均, 不患貧而患不安, 蓋均無貧, 和無貧, 安無傾." 『論語』「季氏」

77 "君子和而不同" 『論語』「子路」

'고름'의 중요성은 동양 제도사로부터 충분한 설명을 얻을 수 있는데, 역사적으로 '균'과 '화'자로 이름지어진 제도가 셀 수 없을 정도로 많다. 예를 들어 균전(均田), 균세(均稅), 균역(均役), 균요(均徭), 화가(和價), 화적(和糴), 화매(和買), 화수(和售), 화시(和市), 화고(和雇) 등이다.

물론 동양인들이 자연과 사회가 서로 부딪친다는 사실을 모르는 것이 아니다. 또 균형과 화해는 둘 다 쉽게 얻을 수는 없고, 반드시 여러 모순과 충돌을 극복해야만 비로소 도달할 수 있는 경지이다. 동양의 역사에서 '치중화(致中和)'나 '집중(執中)'의 어려움과 관련된 무수한 논의가 있었다는 것이 충분히 이 사실을 설명해 준다. 하지만 동양적인 사회관에 근거하면 '화합', '고름', '안정'이 상도(常道)이고 충돌과 모순은 변도(變道)에 속한다는 것은 변함이 없다. 그 관건은 바로 동양인들이 각계각층의 사회집단들을 모두 한집안과 같다고 여기고, 이런 사회집단들이 모두 자연적 인간관계의 기초 위에 건립되었다고 믿는 것에 있다.

근대 동양의 지식인들은 늘 서양적 기준에 근거하여 동양의 전통사회가 '집단주의적'인지, '개인주의적'인지를 묻는다. 이 문제는 쉽게 대답할 수 없다. 왜냐하면 서양적 기준을 동양에다가 그대로 적용할 수는 없기 때문이다. 동양에도 집단주의와 유사한 사회사상이 있었는데, 묵자의 '상동(尙同)', '겸애(兼愛)'[78]와 법가의 '일교(壹教)'[79] 등이 그것이다. 아울러 개인주의와 유사한 것도 있었는데, 『莊子』의 「재유(在宥)」편에 나타난 사상이 그렇다. 하지만 정치사회사상 방면에서 진정으로 대표성이 있고 실제적 역할을 수행한 것은 유가이고, 도가와 법가는 단지 이차적 위치에 머물렀다.

유가는 한편으로 자기 자신부터 인(仁)하게 되는 개인적 가치 자각을 강조하면서, 또 다른 한편으로는 인륜질서를 강조한다. 더욱 중요한 것은 이 두 가지 측면이 하나로 관통된다는 점이다. 인륜질서는 밖으로부터 개인에게 억지로 부여

---

78 묵자의 兼愛는 사람들 사이의 평등한 관계, 그 관계에서 나오는 상호 간의 이익, 그리고 사람들 사이의 사랑을 강조한 것이다. 이런 겸애사상에서 출발하여 묵자는 '관리에게는 영원한 고귀함이 없고, 백성에게는 영원한 비천함이 없으니, 유능하면 등용하고 무능하면 물러나게 한다(官無常貴, 民無終賤, 有能則擧之, 無能則下之)'고 말하였고, 이러한 생각은 천자(天子)도 현자(賢者)가 맡아야 한다는 사상으로 이어진다.

79 대표적 법가인 상앙(商鞅)은 성인이 나라를 통치할 때 상(償)을 통일하고, 형벌(刑罰)을 통일하고 교육을 통일해야 한다고 주장하는데, 교육의 통일이 바로 일교(壹教)이다. 일교는 지혜나 식견, 예(禮), 악(樂) 등으로 사람이 부귀할 수 없게 하고, 형벌에 대해 평가하는 것을 금하며, 사적인 견해를 군주에게 피력하는 것을 허락하지 않도록 교육을 통일해야 한다는 말이다. 이런 생각은 지금으로 보면 매우 전체주의적이라 평가할 수 있다.

된 것이 아니라 개인을 중심으로 하여 자연스럽게 확대되어 나오는 것이기 때문이다. 유가의 '예(禮)'가 바로 이 단계적 확장 질서에 상응하는 원칙이다. 따라서 유가의 가르침은 한편으로 개개인 각각의 특수한 처지와 관계를 고려하고, 다른 한편으로는 또한 인륜질서를 건립하고 유지하는 것을 목적으로 한다. 경전에서는 모두 일관되게 예(禮)에 대해 '예의 기능은 다름을 표시하는 것이다'라거나, 혹은 '예는 직위에 따라 다르다'라고 정의하고 있는데, 여기서 예의 기능과 법의 정리시키는 획일적 기능은 크게 다르다고 할 수 있다.

앞에서 언급한 "아비는 자식을 숨겨주고 자식은 아비를 숨겨주니 곧음이 그 안에 있다"는 것이 공자가 '예'로써 '법'을 조절한 한 실례가 된다. 공자는 또한 "백성을 정령(政令)으로 이끌고 형벌로 질서정연하게 한다면 백성들은 형벌을 피하려고만 할 뿐 부끄러워하는 마음이 없게 된다. 반면에 덕으로 백성을 이끌고 예로써 질서정연하게 한다면 백성들은 부끄러워하는 마음을 가질 뿐만 아니라 또한 바르게 된다"[80]고 하였다. 이런 말들을 종합해 보면, 유가는 일종의 더

80 "道之以政 齊之以刑, 民免而無恥. 道之以德 齊之以禮 有恥且格" 『論語』「爲政」

높은 '정의'와 한층 더 합리적인 '질서'를 추구하고 있음을 알 수 있다. "아비가 자식을 숨겨주고 자식이 아비를 숨겨준다"는 것은 훔친 사람의 수치심을 불러일으키기 위함이다. '법'의 기능은 소극적이어서 단지 이미 발생한 이후에 금할 뿐이고, '예'의 기능은 적극적이어서 발생하기 이전에 금할 수 있다.[81] 사회에서 법률이 없을 수는 없겠지만, 법률만으로는 범죄 문제를 제대로 해결할 수 없다는 것이 공자의 기본 입장이다. 그래서 공자는 "송사를 처리하는 데 있어서는 나도 다른 사람들과 같으나, 필히 송사 자체가 없어지도록 해야 할 것이다"[82]라고 말하였던 것이다.

81 즉, 예치를 통하여 사람들을 교화시킬 수 있기에 유가는 법치보다 예치를 전통적으로 선호한다. 이는 유가 정치철학의 특징 중 하나이다. 예치, 덕치, 인치는 유가 정치철학의 중요 개념어이다.

82 "聽訟, 吾猶人也. 必也, 使無訟乎!"『論語』「顔淵」

14
예(禮)와 개인주의

겉으로 보면 예(禮)는 특수주의적 경향이 있는 것 같지만, 예 그 자체는 늘 보편성의 원칙을 갖고 있고, 모든 개개인에게 적용된다. 자녀가 법정에 나아가 부모의 범죄 사실에 대해서 증언하지 못하도록 한 것은 보편적 법조문이 되었지만, 이것이 법의 공평성을 해치지는 않는다. 그 동기와 이론적 근거는 다르지만, 실제로 이전의 미국 법은 배우자가 서로 법정에서 증언하는 것을 금지시켰다.

예는 질서를 중시하는 측면이 있지만 그 기초는 오히려 개인에게 있고, 게다가 개인의 특수한 사정까지 세심하게 고려한다. 이런 점에서 보면, 예를 바로 '개인주의'라 칭해도 무방하다. 하지만 여기서 사용한 용어는 영어의 'individualism'이 아니고 'personalism'이다. 전자는 마땅히 개체주의라 번역해야만 한다. 사회상의 개체는 인간의 상통성(相通性)을 가리키기 때문에 추상적 개념이다.[83] 반면에 개인은 구체적이고 모든 개개인은 모두 특수하다. 즉 '사람의 마음은 그 얼굴 생김새가 다른 것처럼 각각 다르다' 혹은 '각각의 사물이 다른 것이 사물의 참 모습이다'라는 말이 그것이다.

예 혹은 인륜질서는 법률과 제도의 보편성과 객관성을 부정하지 않지만, 그렇다고 이를 마지막 단계로 여기지도 않는다. 법률과 제도의 대상은 추상적이고 상통적인 '개체'이기 때문에 최소한의 공평성이나 출발선에서의 평등 정도만을 보장할 수 있을 뿐이다. 예 혹은 인륜질서는 법에 비해서 한

83 다음 15장에서도 언급되듯이 저자는 'individualism'보다 'personalism'을 선호하고 있다. 우리에게 익숙한 '개인주의'는 오히려 'individualism'에 해당하므로 저자의 특별한 용법에 주의를 기울여야 할 것이다. 자유롭고 평등하며 독립적인 개인 그리고 그들이 이루는 사회, 국가라는 관념은 서구 근대에 형성된 것으로 고도의 보편성과 추상성을 함유하고 있다. 이런 관념에 다소 생소했던 동양이 서구의 society나 individual의 개념을 번역하면서 겪었던 어려움들은 야나부 아키라[柳父章]의 『번역어 성립사정』(일빛, 2003)이라는 책에 잘 나타나 있다.

발 더 나아가 모든 구체적 개인을 돌볼 것을 요구한다. 이런 형태의 개인주의는 중국인들로 하여금 엄격한 기율(紀律)의 통제에 적응하지 못하도록 만들었고, 또한 공동체 생활에도 익숙해지지 못하도록 하였다.[84] 이런 생활이 차츰 정착되면서 필연적으로 장단점이 생겨나게 된 것이다. 장점은 중국인들이 자유분방한 생활을 애호하게 되었다는 것이지만, 그 누적된 폐단은 '제멋대로'가 되고 '쟁반 위의 흩어진 모래처럼 단결력이 없는 오합지졸'이 되었다는 것이다. 자유를 추구하는 생활과 단결이 안 될 정도로 제멋대로 행동하는 이 두 가지로써 모든 중국인의 사회적 성격을 개괄할 수 있다. 문인

84 이런 설명은 일반적으로 동양사회를 집단주의적 경향이 있다고 보는 견해와 상반되는 듯 보인다. 앞에서 저자는 법률의 대상인 개체가 보다 추상적인 성격이 있음에 비하여, 예는 구체적 개인의 각각 다른 정황까지도 배려한다는 의미에서 개인주의(personalism)라 하였음을 기억해야 한다. 즉 구체적 개인의 상황을 배려하는 예 문화의 특성이 중국문화에 배어 있어서 이 점이 부정적인 방향으로 발달할 경우 자신이 처한 특수 상황만을 강조하여 '제멋대로' 행동하는 기풍이 생겨나게 되고, 이는 곧 공동체 생활이 어려워지는 것으로 이어 진다는 설명이다. 저자는 본문에서 '이런 형태의 개인주의'라 표현하고 있다. 이런 맥락에서 저자는 이하에서 "자유롭고 제멋대로라는 특성을 갖고 있는 문화는 결코 집단주의적 문화유형에 속할 수 없다"고까지 표현한다. 손쉬운 이해를 위해 12장과 13장의 논의를 다시 음미해보는 것이 저자의 의도를 파악하는 데 도움이 된다.

이나 사대부뿐만 아니라 농민들도 역시 이와 같았다.

정신 현상에도 당연히 사회적 기초가 있다. 예를 들어, 중국 농민은 절대다수가 소농(小農)이었다. 그들은 '각자 자기 집 앞의 눈을 치우는' 정도의 생활을 해왔기 때문에 피차 힘을 합쳐 일을 할 기회가 극히 적었는데, 이것이 동서양 간의 농민 역사 전통의 서로 다른 점이다. 서양 중세 농촌에는 '공지(公地)'라는 것이 있었는데, 이는 각 집에서 공동으로 목축하거나 다양한 용도로 공동 관리하는 땅이었다. 그렇기 때문에 서양의 농민들은 집단으로 협동하는 습관이 오랜 세월 동안 몸에 배었던 것이다. 아마도 중국 주(周)나라의 이른바 '정전(井田)'이 이와 유사한 점이 있는 것으로 보이지만, 진한(秦漢) 이후의 소농경제에서는 대체적으로 모두 각자가 정치적 활동의 중심이었다.

자유롭고 제멋대로라는 특성을 갖고 있는 문화는 결코 집단주의적 문화유형에 속할 수 없다.[85] 진나라의 법가는 엄한

85 앞 주에서 보듯이 개인주의와 집단주의 문화를 구분하는 기준은 여럿일 수 있겠지만, 일반적으로 비교문화적 시각에서 아시아나 남미, 남유럽지역을 집단주의적 사회로 본다. 반면에 서유럽과 특히 영국과 미국을 개인주의 사회로 본다. 독자들은 예 문화의 특성을 강조하는 여영시 선생의 의도에 주목해야 오해를 피할 수 있다.

형벌과 가혹한 법률로 통치계급에 복종하는 하나의 완전한 농민과 전사(戰士)의 집단주의 사회를 건립하려 시도했었지만, 그 실패는 이미 정해져 있었다고 말할 수 있다.

집단 간의 관계로 말하면, 현대화라는 도전에 직면한 동양 문화는 반드시 그 기본 토대의 변화가 있어야 한다는 것이 아주 분명하다. 현대사회에서 정치와 법률은 모두 각자 독립적 영역과 객관적 구조를 갖고 있고, 절대로 인륜관계인 윤리의 연장이 아니다. 그런데 정치, 법률과 윤리 사이에서 도대체 어떻게 마땅히 경계선을 긋고, 또한 어떻게 합리적 협조를 서로 간에 얻을 수 있을까? 이는 더 연구되어야 할 문제이다. 이 문제에서 동양의 전통적 경험은 자연스럽게 중요한 새로운 시사점들을 제공하고 있다. 단, 여기서는 주제에서 너무 멀리 벗어날 수 있기 때문에 오직 한 가지만을 강조하고자 한다. 즉, 동양인들은 반드시 서양이 발전시킨 법치와 민주주의 양 방면의 역사 경험을 진지하게 받아들여야 한다.

필자가 이미 지적하였듯이 내향초월적인 동양적 가치체계는 신이 입법하였다는 관념이 결여되어 있었기 때문에 법률이 시종 신성성을 갖지 못하였다. 하지만 서양의 현대적 법률체계는 이미 점차 '이성'으로 '신'을 대체하고 있다. 인간이 이성을 갖고 있다는 설명이 동양인들에게 생소하지만은 않기 때문에 현대적 법치 관념을 받아들이지 못할 이유는 없다. 청나라 말 심가본(深家本: 1840~1913)이 중국의 법률 체계를 혁신한 것이 이미 이런 이론상의 가능성을 충분하게 증명한다. 문제는 단지 우리가 어떻게 법을 지키는 습관을 배양할 것인가 하는 데 있을 뿐이다. 싱가포르는 중국 대륙처럼 중국인들이 주체인 사회이지만, 영국인들이 정립한 법치의 기초가 이미 아무런 어려움 없이 싱가포르의 중국인들에게 계승되어 내려오고 있다. 이런 점은 사실상 중국인들이 법치를 실행하는 일이 '가능 불가능'의 문제와는 절대 무관한 일임을 한층 더 증명한다.

15
동양전통과 민주정치

동양적 전통은 민주적 정치제도를 발전시키지 못하였다. 바로 이 점이 근대 동양의 지식인들이 자신들의 문화를 경멸하게 된 가장 중요한 근거가 되었다. 동양이 과거에 왜 민주제도를 만들어내지 못하였는가 하는 문제는 대단히 복잡한 문제이고, 여기서도 상세히 논하기는 불가능하다. 그러나 나는 서양 근대의 헌정질서인 민주정치가 영국에서 발원된 후에 서구 각국이 이를 계승하였다는 한 가지 중요한 역사적 사실을 특별히 지적하고자 한다. 요컨대 서양의 민주주의는 모두 비교적 작은 나라에서 성장하였는데, 미국만이 유일한 예외가 되는 이유는 미국이 처음에는 13개 식민지 연합으로 구성되어 있었기 때문이다. 각각의 식민지는 여전히 소국과민(小國寡民)의 상태였다. 서양 민주주의의 기원은 비록 그리스 시대까지 거슬러 올라가지만, 당시의 민주주의는 단지 각종 정치형태 중의 하나였을 뿐인데다가 수준도 높지 않았다. 소크라테스는 바로 아테네 민주정치의 희생양이었다.[86] 비록 우리가 아테네의 민주주의를 찬미하지만, 우리는 또한 아테네가 하나의 작은 도시국가였다는 사실을 분명히 기억해야 한다.

서양의 근대 민주주의는 그리스로부터 직접 계승되어 온 것이 아니다. 왜냐하면 고대 도시국가의 민주 전통은 로마와 중세시대라는 장구한 시간을 지나면서 이미 일찍이 단절되었기 때문이다. 근대 민주주의는 혁신적인 제도로서, 분명히 자산계급(資産階級)[87]의 홍기를 따라서 모든 제도가 구비되고 정비되었다. 봉건귀족과 전제군주와의 오랜 투쟁 속에서 자산계급은 점차 나날이 커져가는 스스로의 경제력과 사회

86 소크라테스는 사실상 자살한 것은 아닌가? 자살을 금기시하지 않았던 그리스인들의 입장을 고려하면, 사실상 스스로 죽음을 맞이한 소크라테스는 자살한 것과 다름이 없다. 조르주 미누아, 『자살의 역사』(그린비, 2004).

87 부르주아 계급

적 역량에 의지하여 정치권력과 법률적 보장을 확보했다.

이런 일련의 특수한 역사적 상황들은 전통 동양사회에서는 일어나지 않았다. 진한 이래의 중국은 하나의 강대한 황권 아래에 통일되어 있었다. 한편으로는 이 위대한 문화적 성취를 긍정해야만 하지만, 다른 한편으로는 중국이 이 성취를 위해 지불한 대가에 대해서도 분명히 인식해야만 한다. 강력한 중앙정부의 통제 아래에서 귀족계급은 일찍이 소멸되었고,[88] 상공계층과 도시는 전매제도와 평준법 등과 같은 제도로 인해 자유롭게 발전할 수 있는 기회가 없었다. 중국의 행회(行會)[89] 역시 유럽의 길드와 함께 논할 수는 없다. 수당(隋唐) 이래 행회는 주로 정부가 상공단체를 제어하는 도구였기 때문이다. 불교와 같은 종교 세력도 승관(僧官)제도를 통하여 중앙정부의 통제 체제 밑으로 편입되었다. 전통 중국 사회에서는 오직 지식인 계층을 대표하는 '도통(道統)'만이 겨우 '정통(政統)'에 필적할 수 있었다. 하지만 '도

88 여기서의 귀족은 서양의 봉건적 귀족을 의미한다. 즉 황제와 권력을 나누어 가졌던 분권적 의미의 봉건귀족이 소멸되었다는 의미로 이해해야 하며, 진한(秦漢) 이래 중국에서 귀족이 사라졌다는 의미는 아니다.

89 당대(唐代) 이후 같은 업종의 종사자들이 그들의 권익을 지키기 위해 조직한 일종의 조합을 말한다.

통'은 서양 교회식의 조직화된 권위가 없었기 때문에, 직접 적으로 '정통'에 대해 결정적인 권력 독점 방지 역할을 할 수는 없었다.[90]

이상에서 동양문화는 왜 민주주의를 발전시키지 못하였는가에 대해 시론적으로 몇 가지 역사적 시각을 제시하였다. 하지만 이런 설명이 동양적 정치 전통이 늘 서양보다 낙후되었음을 의미하는 것은 아니다. 오히려 반대로 서양 근대 민주주의가 아직 출현하기 전에 동양사회의 일반적인 정치와 사회 상황은 서양에 비해 손색이 없었을 뿐만 아니라, 여러 방면에서 상대적으로 더 합리적이었다.

18세기 서구의 일부 사상가들은 중국의 정치 상황을 지극히 '개화된 전제주의'라 생각하였고, 심지어는 루소의 '일반의지(general will)'가 실현되었다고까지 여겼다. 비록 지나

90 통상 동아시아 문화의 이면에 흐르는 전통을 도통(道統), 학통(學統), 정통(政統) 이 세 가지로 나누어 설명하기도 한다. 이른바 格物致知誠意正心修身齊家治國平天下 중 誠意正心修身을 도통, 格物致知를 학통, 齊家治國平天下를 정통으로 본다. 이러한 구분은 本體(道), 用(政), 文(學)의 등급을 나타내는 것이었고, 동아시아 지식인들은 도통을 최고로 쳤다. 정통은 도통의 제약을 받아야 하는 것으로, 학통은 도통을 위해 존재하는 것으로 보았다. 이 때문에 동아시아에서는 올바른 정치윤리를 가진 정통이 확립되기 힘들었다는 해석이 나오기도 한다.

치게 미화된 점이 있지만, 그렇다고 전혀 터무니없는 말은 아니다. 예를 들어 과거제도가 비록 폐단이 있었지만, 최소한 이론상으로는 '지식인'의 도덕성과 지식의 가치가 귀족의 세습된 신분이나 상인의 재산보다 고귀하다고 인정되고 있었던 것이다. 동양의 농민 자제들은 과거를 통하여 관리가 될 수 있는 기회가 확실히 있었지만, 서양 중세에서는 상상할 수 없는 일이었다. 서양에서는 16세기에 토마스 모어(Thomas More)가 상상한 『유토피아』에 이르러서야 비로소 정식으로 정치 지도자는 필히 학식이 있는 사람이 맡아야 한다고 주장되었다. 플라톤의 『국가』에서 통치자들(guardians)은 분명히 귀족계층이었던 것이다.

가치체계에서 보면, 동양에 민주주의 전통이 없는 것도 여전히 내향 초월적 문화 유형과 관련이 있다. 앞에서 이미 언급했듯이 전통 동양사회에서는 원래 국가도 인륜관계의 한 부분으로 생각해 왔다. 가치의 근원은 인간의 마음에 있고, 밖으로 투사되어 가까운 곳에서 먼 곳에까지 이르게 되는데, 이것이 바로 인륜질서의 기본 틀이었다. 따라서 정치영역 내에서 왕 혹은 황제는 자연히 인륜질서의 중심이 된다. 이렇기 때문에 어떤 정치 방면의 개혁도 반드시 이 중심권의 가치 자각으로부터 시작되어야 했다. 이것이 바로 '내성외왕

(內聖外王)'[91] 의 이론적 기초인 것이다.

맹자가 양혜왕과 제나라의 선왕에게 말한 '인심(仁心)'과 '인정(仁政)'이나, 주자가 송나라 효종에게 말한 '정심성의(正心誠意)' 등은 모두 인륜관계의 관점으로부터 언급된 것이다. 인륜관계에서 '의무(duty)'는 가장 우선시되어야 하는 개념으로 '신하된 자는 공경해야만 한다', '자식된 자는 효도해야만 한다' 혹은 '아비된 자는 자애로워야만 한다' 등의 말이 모두 이런 '의무' 개념의 구체적 표현이다. 의무를 다한 뒤에야 비로소 '권리'를 말할 수 있다. 다시 말해, "아비가 아비답고 자식이 자식다우며, 군주가 군주답고 신하는 신하다워야 한다"[92]는 것이니 이를 반대로 하면 "아비가 아비답지 못하면 자식이 자식답지 않고, 군주가 군주답지 못하면 신하가 신하답지 않다"는 말이 된다. 자식의 의무는 바로 아비의 권리이고, 신하의 의무는 바로 군주의 권리가 되며, 이를 반대로 적용해 봐도 역시 이와 같다. 이는 서양 근대의 법

91 유가의 정신을 표현하는 내성외왕(內聖外王)이라는 말은 '안으로 수양을 통해 성인에 이르고 밖으로는 나라는 통치하는 왕도를 실행한다'는 뜻이다. 유가사상을 설명할 때 주로 인용되는 이 말은 사실 『莊子』「天下」편(內聖外王之道 闇而不明 鬱而不發)에 나온다.

92 "君君, 臣臣, 父父, 子子" 『論語』「爲政」

률적 입장과는 정반대가 된다.

동양인의 권리 의식은 늘 의무 의식 아래에서 억압되어 왔다. 인륜관계에서 보면 이는 정상이고, 바람직스러운 모습이다. 칸트와 같은 서양의 도덕철학자 또한 의무 개념을 윤리학의 중심 관념으로 삼았다. 하지만 현대생활 속에서 윤리와 정치는 모두 각각 상대적으로 독립적인 영역을 확보하고 있으면서도 서로 관련이 있다는 것을 숨길 수 없다. 그러므로 동양인들이 민주주의 제도를 세우려면 반드시 먼저 정치를 인륜질서 속에서 분리해 내야만 한다는 것이 우리 분석의 최종 결론이다. 이는 일종의 '떨어지면 서로에게 좋고, 함께 있으면 양측 모두 손해를 보는' 상황이다. 분리한 이후에 우리는 오히려 동양의 인륜질서 안에 간직된 합리적 성분과 그 현대적 의미를 더 분명히 알 수 있다. 근래 싱가포르에서 제창되고 있는 '유가윤리'가 바로 이런 분리의 성공 사례가 된다.[93]

동양문화에서는 인간을 수단이 아닌 목적으로 여기고, 동양의 이런 개인주의(personalism) 정신은 각 개개인의 도덕적 가치를 두드러지게 드러낸다. 동양문화는 "모든 사람은

93 1980년대 초부터 싱가포르에서는 유가윤리를 정식 학교 교과과정으로 가르치고 있다.

요순이 될 수 있다"[94] 는 것에서부터 "거리의 사람들이 모두 성인이다[滿街皆是聖人]"라는 데 이르는 평등의식, 그리고 "자기 자신부터 인(仁)하게 되는"[95] 것으로부터 학문을 논하고 정치를 토의하는 자유 전통까지를 발전시켰다. 이런 것들은 모두 동양 민주주의의 정신적 원천이 될 수 있는 것으로서 현대적으로 법률 제도화되어 객관적으로 존재할 수 있다. 법률제도는 민주주의의 필수조건이지 충분조건은 아니다. 제2차 세계대전 이전의 독일과 일본에는 모두 법률제도가 있었지만 민주주의는 없었다. 반면에 위에서 나열한 여러 정신적 근원들이 완벽한 것과는 거리가 있고 불충분 하더라도, 동양의 민주주의를 위해 몇몇 요소를 제공하기에 이미 족한 중요한 보증수표이다. 이처럼 장기적 관점에서 보면 동양의 민주주의에 대해 낙관적일 수 있는 이유가 있다.

자아 문제 또한 모든 문화가 발전하여 일정한 단계에 이르게 되면 필연적으로 출현하게 된다. 자아에 관한 동양인의 견해는 앞의 논의에서 이미 언급한 것이 적지 않으니, 여기서는 다시 간단히 보충하기로 한다. 동양의 내향문화와 서양

94 "人皆可以爲堯舜" 『孟子』「告子」下
95 "爲仁由己" 『論語』「顔淵」

의 외향문화는 자아 문제를 논의하는 데 역시 현저한 차이를 보인다. 대체로 서양은 외재 초월적 관점을 취하여 인간을 대상화시켜 일종의 인지 대상으로 여긴다. 인간이 이미 인지 대상이 되었다면, 여러 방면에서의 분석은 필연적인 귀결이다. 이런 분석은 한편으로는 인간에 대한 우리의 이해를 깊게 하지만, 다른 한편으로는 전일(全一)적 인간상을 파괴해 서로 상관없는 무수한 파편으로 만드는 일도 피할 수 없게 만든다.

반면 동양인들은 내향 초월적 관점에서 자아의 본질을 발굴하고자 하였다. 이런 시각은 인간을 이성적이고, 또한 감정과 의지도 있으며 욕망도 있는 전일적 생명으로 보는 것이다. 전일적 자아는 한편으로 우주와 관통하여 천지만물과 하나가 되고, 다른 한편으로는 인간세계와 소통하여 인륜질서를 만들어낸다. 공자는 인(仁)으로써 인(人)을 파악하여 인간 이해의 전일적 관점을 강조하였다. 그래서 공자는 여러 다른 각도에서 각 상황에 맞추어 인(仁)의 풍부한 함의를 가르쳐 주었다. 이는 자아에 대한 인식과 외계 사물에 대한 인식은 같은 방법을 사용할 수 없다는 것을 보여준다. 만물에 대한 인식에 있어 우리는 주로 지적 능력에 의지하지만, 자아를 포함한 인간에 대한 이해에 있어서는 지적 능력뿐만 아니라 인(仁)도 필요하다는 것이다. 『중용』의 "자신을 완성시키는 것이 인이며, 외물을 완성시키는 것은 지(知)이다"[96]라는 말이 바로 이를 표현한 것 같다. 인은 지를 포괄할 수 있으나, 지는 결코 인을 다 헤아릴 수 없다.

동양과 서양의 대비는 당연히 개괄적으로만 논할 수 있다. 결코 서양 철학자들이 모두 외재 초월적 관점에서만 '인간이란 무엇인가' 하는 문제를 논하였다고 말할 수는 없다. 사실상 소크라테스의 입장과 공자의 관점은 지극히 가깝다. 소크라테스는 인간과 인간 사이에서 내재적 교류의 중요성을 강조하였다. 그가 사용한 대화법은 오직 주체 상호 간의 질의와 대답 과정에서야 비로소 인간학적 진리가 발견될 수 있다는 것을 보여준다. 인간이 대상화되어 인식의 대상으로 변할 수는 없다. 소크라테스도 인간 내면을 향하는 자기반성의 기풍을 가지고 있었기 때문에 "반성을 거치지 않은 인생은 아무런 가치가 없는 인생이다"라는 명언을 남겼다.

이후 스토아학파의 마르쿠스 아우렐리우스(Marcus Aurelius)부터 근대 유럽 대륙의 정신과학(Geistwissenschaften)적 전통을 옹호하였던 사상가들과 내면적 성찰

96 "成己仁也, 成物知也" 『中庸』 25장

(introspection)파의 심리학자들에 이르기까지 모두 어느 정도는 소크라테스의 이런 정신을 계승하였다. 하지만 서양사상의 주류가 이 계통에 있지 않았다는 것을 부정할 수는 없다. 현상계와 초월계라는 두 세계의 분열 아래에서의 정신과 물질의 분리 그리고 인식론의 전통 아래에서의 주체와 객체의 분리 문제는 시종 인간에 대한 전일적 이론이 만들어지는 것을 방해해 왔다. 게다가 행동과학이 흥기한 후에 결국 인간은 다른 사물들과 함께 경험과학의 대상이 되어 버렸다.

동양에서는 논리학 혹은 인식론적 의식 행태가 비교적 발달하지 못했다. 만약 객관적 대상 세계에 대한 인식이라는 측면에서 보면, 당연히 하나의 심각한 제약이 따르게 된다. 하지만 한 영역에서 놓친 것이 있다고 해서 다른 영역에서도 얻는 것이 없는 것은 아니다. 이로 인해 동양인은 자아문제와 외계 사물에 대해 항상 전일적 관점을 유지할 수 있었고, 극단적인 회의론의 질곡을 비교적 잘 모면할 수 있었다. 자아의 존재를 동양인들은 깊게 믿어 의심치 않았고, 자아로부터 타인들에게로 그 범위를 확장시켜, 부모 · 형제 · 부부 같은 인륜관계가 존재한다는 사실에 대해서도 역시 회의적이지 않았다.

인간과 천지만물이 하나가 된다는 것은 자아의 존재를 확장하여 천지만물의 참된 본체에 이른다는 것이다. 자아는 타인과의 관계 속에 존재하고, 또한 천지만물과의 관계 속에서도 존재하니, 이 존재는 허공에 떠 있는 고립된 존재가 아니다. 그렇기 때문에 자아의 존재는 한편으로는 외계 객관세계가 존재한다는 증거가 되며, 다른 한편으로는 외계 객관세계의 존재 역시 자아가 진실로 존재한다는 것을 뒷받침해 준다. 이 둘은 일종의 상호 의존적 관계에 있다. 그래서 장자(莊子)는 자신의 '즐거움'에 근거하여 물고기의 '즐거움'을 추론할 수 있었고, 소옹(邵雍)은 "자신의 입장에서 사물을 보는 것"으로부터 "사물의 입장에서 사물을 보는 것"[97]으로 넓혀 나갈 수 있었던 것이다. "조용히 보니 만물은 모두 스스로 자족하고, 사계(四季)의 아름다운 추이를 나 또한 남과 함께 즐기네"[98]라고 정명도(程明道: 1032~1085)가 읊은 시구도 같은 사상을 나타낸다. 이 문제에 있어서 유가와 도가 두 학파는 서로 다른 목소리를 내지 않았다. 불교처럼 그렇게

97 "所以謂之反觀者, 不以我觀物也, 不以我觀物者, 以物觀物之謂也" 『皇極經世書』「觀物 內篇」

98 "萬物靜觀皆自得, 四時佳興與人同" 『河南程氏文集』 券三 明道先生文, 「秋日」

정밀한 '공(空)'의 논리라 할지라도, 역시 이러한 동양인의 신념을 흔들어 놓지는 못하였다.

서양의 회의론자들은 객관세계의 존재성을 부정하여 마지막에는 오직, "나는 생각한다. 그러므로 나는 존재한다"라는 고립되고 허공에 뜬 자아만을 남겨 놓았다.[99] 동양 사람들에게 이런 주장은 상당히 생소한 관점이다. 동양인은 서양에서처럼 자아와 외계 세계가 서로 연결되어 있는 쇠사슬을 필히 절단해야만 비로소 진정한 자유를 향유할 수 있다고도 생각하지 않는다. 이 점이 또한 외재 초월형과 내향 초월형 문화가 명백하게 다른 점이다. 동양사상 속에서 자아의 외계 세계에 대한 긍정과 내재적 가치 근원에 대한 긍정을 인식론과 논리학적 방법으로 완전히 증명할 수 있는 길은 없다. 그런데 인간의 이론이성에는 결국 그 한계가 있다. 칸트의 비판철학은 이론이성의 한계를 궁극적으로 탐구하여 실체계와 도덕법칙 모두 경험지식의 범위 밖에 있다고 단정하였다.

99 저자는 전반 회의론자들을 염두에 두고 있는 듯한데, 엄밀하게 말하면 데카르트의 코기토(cogito)적 주체의 존재성도 이들에게는 받아들여지지 않는다. 데카르트 식의 방법적 회의라는 사유과정 그 자체마저도 환상일 수 있다는 것이다. 이런 점에서 데카르트의 회의는 철저하지 못했던 면이 있다.

칸트의 단정은 동양적 사유의 맥락에서 볼 때 이치에 맞게 자연스럽게 이루어진 것이지만, 서양 사상계에서는 오히려 일반적 동의를 얻지 못하였다.

16

동양사상에서 수양론의 중요성

동양인들은 가치의 근원이 우리의 마음 안에 있고 이것이 밖으로 타인과 천지만물을 관통한다고 믿는다. 그래서 되풀이해서 '자기성찰', '자기반성', '자신을 돌이켜 잘못을 구함[反求諸己]', '자신을 돌이켜 정성되게 함[反身而誠]' 등과 같은 공부를 강조하는 것이며, 이것이 곧 일반적으로 말하는 '수신' 혹은 '수양'이다. 『맹자』와 『중용』은 모두 "성(誠)[100]

100 유가철학에서 '성' 개념은 단순한 윤리적 품성 개념에 한정되지 않는다. 『중용』만 보더라도 성실함이나 정성됨을 넘어, '존재의 시작과 끝[物之

은 하늘의 도이고, 성(誠)되고자 하는 것은 사람의 도이다"[101]라고 언급하였다. 그래서 '자신을 돌이켜 정성되게 함'은 자기만을 이롭게 하는 혹은 불교에서 말하는 '자기 일만 생각하는 사람[自了漢]'이 되어서는 안 된다는 것을 의미한다. 자아 수양의 최종 목적은 인륜질서와 우주질서의 포섭적 화해 속에서 자아를 구하는 것이다. 이것은 동양사상의 중요한 특징 중 하나이다. 서양의 스토아학파와 같은 극소수의 사상가들이 이러한 시각을 드러낸 적이 있었지만, 이런 시각은 이미 고대 말기에 이르러 기독교적 관점에 의해 가려졌다. 오로지 동양사상에서만 자아 수양 문제가 줄곧 주류적 위치

終始]'이며, '하늘의 도[天之道]'로 묘사되고 있다. 그러므로 일반적인 번역처럼 '성실'이나 '정성됨', '성심' 등으로 일정하게 번역하는 것은 오해를 일으킬 수 있다. 적합한 번역어가 없으면 번역보다는 음역하는 것이 타당하다. 즉, 성의 형이상학적 측면과 윤리적 측면을 동시에 내포할 수 있는 적합한 번역어가 없으므로 'ch'eng/cheng'으로 음역해야 할 것이다. 그런데 우리 같은 한자문화권에서는 원어를 사용하여 '誠'으로 표기하는 것도 한 방법이다. 즉 '誠'이라고 표기하면 형이상학적 측면과 윤리적 측면을 모두 포괄하고 있는 경우이고, 윤리적 품덕으로 해석될 수 있는 여지가 더 클 때는 '정성됨'으로 쓰는 경우로 나누어 표기할 수 있을 것이다. 이에 대해서는 역자의 「中庸 이전의 誠 개념 연구」, 한국중국학회 『중국학보』 54집, 2006. 12. pp. 451-464 참고.

101 "(是故)誠者天之道也, 思誠者人之道也" 『孟子』「離婁」 上; "誠者天之道也, 誠之者人之道也" 『中庸』 20장.

를 차지하였던 것이다. 또한 수양론은 결코 유가 학파에만 한정된 것이 아니며, 도교를 포함한 도가의 '공과격(功過格)'[102] 그리고 불교에도 역시 존재한다. 공자는 "천자로부터 서인에 이르기까지 한결같이 수신을 근본으로 삼는다"[103]고 하였는데, 여기서 우리는 '수신'이 비단 상류 통치계급층만의 전리품이 결코 아닌 것을 알 수 있다.

인성 중에서 사적인 것과 이기적인 것을 제외하면, 빛나는 고상한 일면이 있을 수 있을까? 우리들은 또한 어떻게 해야

102 『태상감응편(太上感應篇)』을 보면, 천선이 되는 데에는 1300선을, 지선이 되려고 하면 300선을 각각 쌓아야 한다고 한다. 그런데 『태상감응편』에서 충분하게 설명되지 못한 점을 보충하면서 선행의 표준을 보여주고 구체적으로 실행하게끔 권면하기 위하여 만들어진 것이 「공과격」이다. 그 내용은 일상적인 여러 행위를 공격(功格, 善行)과 과격(過格, 惡行)의 둘로 나누어 열거하고, 각각의 행위에 플러스와 마이너스의 점수를 계산해 그 점수의 많고 적음에 따라 선악의 정도를 분명하게 하는 것이다. 이 때문에 사람들은 매일 자신이 행한 행위를 그 항목과 대조해서 그곳에 적혀 있는 점수를 기입란에 적어놓고 월말이 되면 그 달에 얼마나 많은 공과 과가 있었는가 하는 그달 점수의 소계를 낸다. 이것을 매월 계속하여 연말에 총 합산을 한다. 세계적으로 볼 때 행위의 선악 정도를 점수로 표기한 선행지도서를 가지고 있는 나라는 아마 중국 말고는 없을 것이다. 그 점에서 「공과격」은 정말로 특이한 책이라고 말할 수 있다. 구보 노리타다[窪德忠], 최준식 옮김, 『道教史』, 분도 출판사, pp. 354-355 참고.

103 "自天子以至於庶人, 壹是皆以修身爲本" 『大學』 經1장

만 밝은 일면을 발휘하고, 어두운 일면을 제어할 수 있을까? 동양인들은 이러한 문제에 대한 이해와 해답을 구하는 데 있어 지식론과 논리학에 전적으로 의지하지 않는다. 그렇다고 해서 경험 지식이 인간의 자아탐구와 자아실현을 도울 수 있다는 것을 부정하는 것도 아니다. 『대학』이 표방한 격물(格物)과 치지(致知)는 수신의 시작이니, 이는 적어도 도덕 실천을 수행함에 있어서 객관적 지식으로부터 완전히 벗어날 수 없다는 것을 의미한다. 하지만 수양은 지식적 차원에만 머무를 수 없다. "지식이 관직을 수행할 만해도, 인(仁)으로 이를 지킬 수 없으면 관직을 얻었다 하더라도 반드시 잃게 된다."[104]는 공자의 말은 어떻게 '인을 지키는가' 하는 것은 순수하게 지적 일이 아니며, 거기에는 큰 공부가 있어야 한다는 것을 보여준다.

송대 유학자 중 주자(朱子)는 독서와 이치를 밝히는 것을 제일 중시하였다. 하지만 그는 오히려 '독서는 오직 부차적 일이다'라고 하면서, 제일 중요한 것은 성현들의 책을 읽은 후에 다시 진일보하여 '절실한 자기 체험을 통한 내면화'를 통해 자신의 도리를 찾는 것이라고 재차 설명하였다. 총체적

104 "知及之, 仁不能守之, 雖得之, 必失之"『論語』「衛靈公」

으로 말해서, 동양인들은 기본적으로 사람 마음 안에 일종의 가치 자각 능력이 구비되어 있다고 믿는다. 우리들이 그것을 인(仁)이라고 부르든, 양지(良知) 혹은 기타 어떠한 다른 명칭으로 부르든지 간에 가리키는 바는 모두 동일하다. 이러한 능력은 비록 객관사물처럼 경험 지식적으로 증명되는 것은 아니지만, 그러나 각각의 사람들은 모두 '자신을 돌이켜 정성되게 하는[反身而誠]' 방식을 통해서 그것이 진실되고 헛된 것이 아님을 느낄 수 있다. 사람들이 만약에 '인격을 갖춘 사람' 혹은 '사람다운 사람'이 되고자 하는 뜻을 세운다면, 금수와 더불어 같은 위치에 처해지는 것을 달가워하지 않게 된다. 즉, 필히 각종 수양공부로 이러한 가치자각 능력을 격발(擊發)시켜야 한다. 그리고 수양공부는 또한 자기 자신의 노력에 의해서만 비로소 얻어질 수 있는 것이기 때문에, 경전이나 혹은 스승, 친구의 도움으로 대체될 수 있는 성질의 것이 아니다. 후자는 다만 인연으로 도와주는 역할을 할 뿐이다.

이렇게 모든 것을 자기 자신에 의지하는 수양관념은 지식인의 마음속 깊이 심어져 있었을 뿐 아니라, 일반인들 사이에서도 유행했다. 초기 도교의 '수경신(守庚申)'[105]설은 이러한 관념의 변형된 형태라고 볼 수 있다. 진대(晉代)의 『포박자(抱朴子)』에는 사람의 몸속에는 일종의 '삼시(三尸)'[106]라고 하는 '신(神)' 혹은 '벌레[蟲]'가 들어 있는데, 이것이 경신(庚申)일에 하늘에 올라가서 사람의 죄과를 고하므로, 필히 하늘에 오르지 못하도록 해야 한다고 기록되어 있다. 부엌신앙[竈神信仰] 역시 이와 같은 것인데, 그 감독하는 바가 한 사

105 경신(庚申)일에 밤을 새우는 것을 수경신(守庚申)이라 한다.

106 삼시설은 『포박자』에 인용되어 있는 『역내계(易內戒)』 등과 같은 참위서에 처음으로 보이며, 이 설은 후대로 내려가면서 좀 더 다듬어지다가 당(唐)대에 가서 완성되었다. 당시의 삼시설을 9세기 전반에 성립된 것으로 알려진 『태상삼시중경』에 따라 소개하면 다음과 같다. "인간의 체내에 있는 삼시구충은 경신날 밤에 사람이 잠들면 몸에서 나와 하늘로 올라가서 사람들이 저지른 모든 죄를 숨김없이 천신에게 고한다. 이것은 사람을 일찍 죽게 하기 위해서이다. 사람이 죽으면 삼시는 사방을 돌아다닐 수 있게 되기 때문에 만약 사계나 춘분 등의 여덟 절기마다 제사지내 주지 않으면 재앙이나 만 가지 병을 일으킨다. 삼시 가운데 상시(上尸)는 머리에 있어 눈을 해롭게 하고 대머리를 만들며, 입에서 구린내가 나게 하고 얼굴에 주름이 생기게 하며 이빨이 빠지게 한다. 중시(中尸)는 복부에 있어 오장을 나쁘게 한다. 또 원기가 없게 만들고 건망증을 생기게 하며 나쁜 일을 하고 싶게 만드는 것도 중시의 일이다. 발에 있는 하시(下尸)는 오정을 혼란시켜 음욕이 일어나게 한다. 삼시의 모습은 어린아이라든가 말의 모습을 하고 있다. 경신날 밤에 밤을 새우고 있으면 삼시는 천상으로 올라갈 수 없다. 만약 연거푸 세 번에 걸쳐서 수경신을 하면 삼시는 약해지기 시작하고 일곱 번 수경신을 하면 삼시는 영구히 절멸되어 정신은 안정되고 천지와 함께 장생할 수 있다." 구보 노리타다(窪德忠), 앞의 책, pp. 393-394.

람의 선악이 아니라 한 집안이라는 점만 다를 뿐이다. 일반 평민들은 혹 유가의 '인'이나 '양지' 이론을 깊이 이해하지 못할 수 있기 때문에 도교 교도들은 이러한 종류의 '종교적 교리[神道說教]'의 방법을 사용해서 유가의 '자기성찰', '자기반성' 혹은 '신독(愼獨)'[107]의 수양론에 해당하는 것을 전파하였다. 경신일을 지킨다는 신앙은 중국 민간에만 퍼져있는 것이 아니라, 일본까지 전해져 그 영향력이 상당히 크게 미치고 있다.[108] 결론적으로 '양지'라고 하든 '삼시'라고 하든 관계없이, 이는 모두 사람이 갖추고 있는 일종의 내재적 정신 역량으로써 자아를 끊임없이 향상시키기 위해 노력할 것을 독려하는 것이다.

107 홀로 있을 때에도 도리에 어긋남이 없이 몸가짐을 바로 하고 언행을 삼간다는 뜻으로 『대학』에 나오는 말이다.

108 이 분야의 전문적 연구서로 일본학자 구보 노리타다[窪德忠]의 책이 있다- 원주.

17

자아에 대한 동양인의 태도와 현대생활

우리는 이제 자아에 대한 동양인의 태도가 현대생활과 서로 부합될 수 있는가를 물어야만 한다. 여기에 나는 백퍼센트 긍정적으로 답할 수 있는데, 동양인의 '자신에게 의지하고 남에게 의지하지 않는' 인생 태도는 적어도 방향 상으로는 현대성에 가장 가까운 것이다. 우리는 앞에서 인간의 내재적 덕성을 중시하는 고대 스토아학파의 주장이 기독교에 의해 배척되어 쇠미해졌음을 언급했다. 기독교는 자아를 신에게 완전히 의탁해야 한다고 여겼다. 인간이 정신적으로 완전히 스스로 주재할 것을 추구하면 '자아 집착'에 빠지게 된다. 그러나 '자아 집착'은 바로 자아 '해방'의 최대 장애 중 하나이다.

중세 기독교의 전통에서 개인은 반드시 신을 대표하는 교회와 성직자를 통해서만 구원받을 수 있었다. 사람들은 죄가 있을 때, 성직자에게 참회하여 죄를 용서받았는데, 오늘날의 천주교는 여전히 이런 전통을 유지하고 있다. 서양인의 정신적 해방은 주로 전업 성직자라는 외부적 힘을 빌려 이루어졌고, 자아 수양에는 의지하지 않았던 것이다. 서양 중세 기독교가 그랬던 것처럼 한말(漢末) 도교의 초기 홍성기에도 '성과(省過)'라는 성죄를 씻는 방법이 있었으나 육조(六朝) 시대 이후 보편적으로 유행되지는 않은 것 같다. 종교개혁 이후의 개신교는 개인이 직접 하나님과 소통하는 것을 강조하였는데, 이러한 경향은 당연히 기독교 현대화의 중요한 진전이었다. 그러나 성직자의 선교 활동은 서양 사회에서 여전히 중심적 지위를 차지하고 있다.

19세기 이래 서양 기독교는 종종 위기에 직면했는데, 가장 먼저는 과학의 도전이었고 이는 앞에서 이미 언급하였다. 그 다음은 교회와 성직자에 대한 참 신도들의 회의적 태도였다. 키에르케고르는 평생 "어떻게 참된 기독교인이 될 것인가"라는 물음으로 스스로를 단속했다. 그는 서양 사회에서 유행하던 기독교는 완전히 허위라고 생각했던 것이다. 키에르케고르는 신앙이란 전 생명의 헌납과 의탁이라고 여겼고, 일말의 회의와 이성적 비판이라도 그 안에 끼어드는 것을 용납하지 않았다. 신앙의 관건은 개인이 '결단'해 낼 수 있느냐 없느냐에 달려있고, 이는 순전히 의지와 정감의 문제이기 때문에 이성과는 조금도 상관이 없다고 생각한 것이다.

이러한 설명은 신실한 기독교 교인들에게는 자연히 견실한 신앙을 일으키는 작용을 할 수 있었다. 그러나 키에르케고르는 또한 자신이 기독교를 믿는 까닭은 기독교의 교의가 가장 '터무니없는 것'이기 때문이라고 말하기도 했다. 이는 실제로 키에르케고르가 2, 3세기 터툴리안(Tertullian: 160~225)의[109] 명언을 차용한 것으로, 예수가 죽은 뒤 부활했다는 등의 신화를 가리켜 말한 것이다. 그 뜻은 신앙은 이성으로 이해할 수 있는 것이 아니며, 나아가 이성보다 더 확실하게

109 서양문화는 이성주의적 전통이 강하고 동양문화는 내면적 심성 수양을 중시한다는 일반적인 이해의 지평에서 보면, 터툴리안(Tertullian)은 서양문화 권에 속하지만 수도와 수양을 중시했기 때문에 시사하는 바가 크다. 서양문화권에도 터툴리안처럼 수도의 길을 걸은 수행자가 있었다는 점에서 내면의 수양을 중시하는 전통이 동양의 전유물이라는 생각은 지나치게 일반화할 경우 위험하다.

믿을 수 있는 것임을 강조하는 데 있었다. 그에 따르면, 가장 터무니없는 것이야말로 비로소 사람들로 하여금 최대의 열정과 성의를 다해 믿게끔 할 수 있는 것이었다. 우리는 일부 신학자들이 아마 이런 철저한 반이성적 논의 속에서 '심원한 진리'를 볼 수 있다는 것을 부인할 필요는 없다. 하지만 이런 식으로는 우리와 같은 일반인들의 마음속에서 '신앙'을 결코 불러일으킬 수 없다는 것을 단언할 수 있다. 이것이 바로 니체가 "신은 죽었다"고 선언했던 것을 책망할 수 없는 까닭이다.

신의 죽음 이후 서양인들은 성직자와 교회로부터 진정으로 자아의 구원을 얻을 수가 없게 되었다. 하지만 여전히 교회에 가서 의례적인 예배를 드리는 숱한 무리들이 키에르케고르 같은 부류의 사람들 눈에는 모두 참된 믿음이 없는 세속적 무리들로 보였던 것이다.

근 몇십 년 이래 서양, 특히 미국에서는 정신과 의사와 상담 의사가 성직자와 교회를 대체하고 있다. 정신적 위기를 겪고 있는 서양인들은 이미 '심리분석'으로 전향하여 '해방'과 '자유'를 찾고 있는 것이다. 프로이트의 학설은 당연히 20세기의 일대 성취이지만, 그것이 진정 전통적 종교를 대체할 수 있는지는 오히려 의문이다. 프로이트가 진단하고 치료하는 대상은 문화가 억누르는 인간의 본능으로, 억압된 인간 본능을 진단하고 치료하는 데 확실히 효용이 있다.

인성(人性)에서 본능을 제외하고 본능보다 비교적 우위에 있는 내재된 정신적 요소는 없는가? 이런 문제에 대해 최소한 지금까지는 모든 사람이 공통적으로 받아들일 수 있는 과학적 해답을 얻을 수 없었다. 스키너(B. F. Skinner)의 극단적 행동주의 심리학은 한 때를 풍미했는데, 오늘날에도 극소수의 심리학자들은 여전히 사람과 실험실 속의 비둘기가 같다고 여겨서, 사람이 간단하게 '상'과 '벌' 두 가지로 조종되고 통제될 수 있다고 믿는다. 만약 우리가 여전히 인성(人性) 속의 빛나는 일말의 신심(信心)이 버려지기를 바라지 않는다면, 이런 심리분석으로는 최대한으로도 오직 인간 정신병증의 절반 혹은 기껏해야 상당한 부분을 해결할 수 있을 뿐이다.

서양 실존주의자들은 현대인이 상실감 · 불안 · 허무 · 공동체 의식의 해체 등등의 각종 위기를 실감한다고 강조하는데, 이는 모두 '신의 죽음' 이후 가치가 안착할 곳이 없는 것과 관련이 있는 것 같다. 프로이트 학설과 후대에 발달된 심층심리학은 이런 류의 병증에 대해 완벽하게 유효한 진단과 치료를 여전히 내놓지 못하는 듯하다. 과거 서양의 종교와 철학이 인성을 지나치게 고양시켰다면, 현재의 심리학은 또한 인성을 지나치게 깊이 파헤쳤다. 여기엔 분명히 어떻게 균형을 이룰 것인가 하는 문제가 있다.

프로이트는 전통적인 도덕문화를 성 억압적인 것으로 보았고, 그의 '초자아(Super-ego)' 또는 '양심(conscience)'은 곧 이러한 도덕의 화신이었다. 그의 심도 있는 관찰력은 부인할 수 없지만, 우리가 만약 동양에서 말하는 '인(仁)'과 '양지(良知)'를 '초자아'와 완전히 같은 것으로 취급한다면, 이는 곧 '처음에는 근소한 차이에 불과하지만 나중에는 큰 차이가 생기는 것[失之毫釐, 差以千里]'을 피할 수 없을 것이다. 사실 프로이트 또한 사람이 일종의 '어떤 내용도 없는 원초적 죄책감(pure sense of guilt without any content)'을 가지고 있는데, 그것은 '초자아'와 '양심' 이전에 존재한다고 인정했다. 이것은 인성 속에 고귀하게 빛나는 한 면이 남겨질 수 있는 일말의 여지가 된다. 이 점은 그가 주의를 기울이지 않았던 문제이기 때문에, 이 부분은 더 자세히 밝혀지지는 못했다.

프로이트의 제자였던 융(Carl G. Jung)은 이 문제에 있어서 오히려 비교적 균형감 있는 견해를 갖고 있었다. 그는 성년이 된 사람의 인격 발전이 더욱 중요하며, 게다가 인격은 자아가 발전해 나온 것이라고 생각했다. 이는 분명히 인간을 고양하는 상향적 심리학이다. 융은 특히 아시아 종교의 자유자재로운 성격을 높이 평가했으며, 아시아의 종교가 기독교의 경직되고 협애한 성격보다 한수 위라고 여겼다. 그는 이 때문에 역경(易經)과 선종(禪宗) 모두를 자신의 연구와 관련시켰다. 이로부터 우리는 자아에 대한 동양인의 견해가 확실히 현대적 의의의 일면을 지니고 있음을 어렵지 않게 엿볼 수 있다.

18

전통적 자아관의 현대화 가능성

우리는 융이나 기타 서구 학자들이 우리를 찬양했다고 해서 우리 스스로를 과대평가할 필요는 없으며, 동양인의 자아경계가 서구인의 '신의 죽음' 이후의 곤경을 해결할 수 있다고 말할 수도 없다. 필자가 신중하게 지적하려는 것은 동양 전통의 자아 관념을 약간 조정하기만 하면 현대 동양인에게 여전히 적용 가능하다는 점이다.

외재 초월을 주장하는 서구문화에서 도덕은 종교에서 파생된 것이며 도덕법칙은 신의 명령으로부터 나온다. 따라서 신의 관념이 일단 동요하기만 하면 그 여파는 반드시 가치 근원이 단절되는 위기를 야기한다. 내향 초월을 주장하는 동양문화에서 종교는 오히려 도덕으로부터 파생된다. 동양인들은 내재적 마음이 가지고 있는 가치 자각 능력이라는 사실로부터 출발하여 초월적 '천(天)'의 관념을 도출해낸다. 그러나 그 '천'이라는 것은 알 수 없으며 알 수 있는 것은 '인간'이다. 따라서 오로지 '진성(盡性)'을 통해 '지천(知天)'을 구해야만 한다.[110] 이러한 초월적 '천'에 대해 동양인들은 결코 과도한 추측이나 묘사를 덧붙이지 않았으며, 결코 허구의 인격화된 신의 관념으로 '천'의 형상을 상징화하지 않았던 것이다.

순자는 "천지의 시작이 바로 오늘이다"[111]라고 하였고, 『대학』에서는 탕왕(湯王)의 반명(盤銘)을 인용하여 "진실로 날마다 새로우니 나날이 새롭게 하고 또 새롭게 하라"[112]고 하였다. 또 『주역(周易)』「계사(繫辭)」에서는 "생명을 낳고 낳는 것을 일러 역[生生之謂易]"이라고 하였다. 이런 일련의

110 '진성'이란 인간의 선한 본성을 궁구하여 확충해 나가는 것을 말하며, '지천'은 선한 본성의 유래처인 천명을 깨닫는 것을 말한다. 일찍이 맹자가 진성을 통한 지천을 강조하였다.

111 "天地始者, 今日是也" 『荀子』「不苟」

112 "苟日新, 日日新, 又日新" 『大學』 2장

사상들은 우주가 부단히 변화하는 과정을 강조한 것이며, 따라서 여기서는 우주가 왜 시작되고 어떻게 시작되었는지는 그리 중요한 문제가 아니었다. 때문에 동양의 사상적 전통에서는 창세신화가 쉽게 발전할 수 없었는데, 그 이유는 하루하루가 모두 '창세'이기 때문이다. 즉 "천지의 시작이 바로 오늘"인 것이다.

우리는 이상의 분석을 통해 자아 가치에 대한 동양인의 긍정이 '신의 죽음'이라는 문제가 갖는 곤경에 부딪히지도 않으며, 게다가 현대 기독교 신학에서 말하는 '신화 제거(demythologization)'라는 번잡함도 겪지 않았음을 분명하게 볼 수 있다. 동양의 유, 불, 도 삼교는 초창기에 당연히 모두 신화를 가지고 있었다. 예를 들어 한대(漢代) 위서(緯書) 중 『연공도(演孔圖)』, 『태평경(太平經)』의 노자 탄생과 강림에 관한 이적(異跡), 불교 가운데 부처의 탄생과 관련된 상서로운 징조 같은 것이 그것이다. 그러나 이 '신화'들은 동양사상사에서 결코 중요하지 않으며 일찍 사라져버렸다. 가장 극단적 예는 선종의 대사가 '부처를 욕하고 조상을 욕한 것'이거나 세존(世尊)을 '한방에 내려쳐 죽인 뒤 개에게 먹이로 던져주겠다'고 한 것이다. 만약 서구에서 말하는 '신화 제거'가 기독교의 '현대화'라고 한다면 우리는 동양의 삼교가 모두 일찍이 '현대화' 되었다고 말할 수 있을 것이다.

동양인은 가치의 근원이 인간의 마음속에 내재되어 있음을 깊이 신뢰하였기 때문에 자아에 대한 분석에 있어서 장구하고 심원한 전통을 형성하였다. 위로 공자 · 맹자 · 노자 · 장자로부터 시작하여 선종을 거쳐 밑으로는 송명리학에 이르기까지 모두 자아의 인식과 통제를 수행의 주요 목적으로 삼았다. 동양 전통사회에서 개인은 심리적 평형과 안정을 비교적 갖추고 있지만, 이를 농업사회와 가족제도와 같은 완전히 외부적 조건에 의해서만 해석할 수는 없다. 또 전적으로 사회학적 관점에 근거해서 이를 동양인들이 사회 규범과 가치의 내면화를 비교적 성공적으로 추진한 결과라고 여겨서도 안 된다. 적어도 동양인이 특별히 자아 수양을 중시하는 것은 주목할 만한 문화적 특색이다. 이는 물론 동양인 개개인 모두가 정신 수양 방면에 어떤 성취가 있다고 말하는 것이 아니다. 하지만 2~3000년 동안 동양사회가 대체적으로 안정을 유지할 수 있었던 이유는 결국 이러한 독특한 도덕 전통과 전혀 무관하지만은 않다. 사회적으로 단지 소수의 사람들만이 진실한 정신 수양을 이루어 도덕적 품격을 수립하였다 하더라도, 그 영향력은 과소평가될 수 없다.

동양인의 자아 관념은 대체로 현대생활에 적합하지만, 조정되어야 할 부분도 물론 있다. 전통적 수양론은 인성 가운데 '상층' 일면만을 지나치게 강조하며 '하층'과 '심층'의 일면을 소홀히 한다. 그뿐만 아니라 종종 외재적 사회 규범과 내재적 가치의 근원을 혼동하여 구분하지 않는다. 즉 프로이트가 말한 '초자아'와 '죄책감'이 종종 혼동되어 구분되지 않는 것이다. 정이천(程伊川: 1033~1107)은 '본성' 가운데 효, 제는 없고 단지 인 · 의 · 예 · 지가 있을 뿐이라고 여겼는데, 이것이 바로 외재적 사회 규범과 내재적 가치의 근원을 구분하여 말한 것이다. 후자, 즉 인 · 의 · 예 · 지는 '어떤 내용도 없는 순수한 도덕의식'이라고 말할 수 있다.

근대의 행동과학, 특히 심층심리학이 바로 동양 전통 수양론의 부족한 점을 보완해줄 수 있을 것이다. 현대 서구인들은 자아가 정신적 위기에 부딪혔을 때, 종종 밖에서 도움을 구하고 심리분석 또한 본능적 폐단을 방임하는 데 치우쳐 있어 '자유'와 '해방'은 오히려 방종을 위한 변명이 되어버렸다. 바로 이 점에서 볼 때 동양의 수양 전통은 귀중히 여길 가치가 있으며 반드시 새롭게 발굴할 필요가 있는 정신자원인 것이다.

마지막으로 필자는 마주치게 될지도 모를 힐난에 대해 미리 답하고자 한다. 즉, 인간의 내재적 가치 근원에 관한 동양인들의 믿음은 오늘날에도 여전히 사실적 근거를 가지는가? 만약 인간이 진실로 스키너가 말한 바와 같이 실험실의 비둘기나 쥐와 다르지 않다면, 우리가 위에서 논한 정신 수양이란 것이 어찌 스스로를 속이고 남을 속이는 일이 아닐 수 있겠는가? 이 문제는 적어도 두 가지 서로 다른 답이 있을 수 있다.

첫째, 우리는 인간에게 내재적 가치 근원이 있다고 가정할 필요가 없고, 수양이 인간의 심리적 건강에 도움이 된다고 가정할 수 있다. 순자는 도덕규범이 인위적인 것이라고 보았지만, '본성을 변화시켜 인위를 일으키는[化性起僞]' 수신론을 견지했다. 수양이 실제적으로 개인의 심리적 평정과 사회적 안정에 도움이 된다는 것은 부정할 수 없는 경험적 사실이다. 우리가 설령 공리주의자의 결과론을 채택한다고 해도 이 사실을 긍정해야만 한다. 둘째, 이른바 내재적 가치의 근원이란 인간이 생득적으로 가치 자각 능력을 가지고 있는지 여부를 가리킨다. 이 문제에 대해 우리는 아직 '과학적' 답을 가지고 있지 못하다.

현대 서구의 경험주의 철학과 행동주의 심리학은 모두 인간에게 선천적인 본유관념 혹은 '생득관념(innate ideas)'이 있다는 사실을 부정한다. 이성주의는 이미 쇠퇴하였다. 만약 인간에게 선천적인 생득관념이 없다고 한다면 우리는 인간에게 선천적인 가치 자각 능력이 없다고 유추해볼 수 있다. 하지만 최근 노암 촘스키(Noam Chomsky, 1928~)는 오히려 자신의 심리언어학 연구에 근거하여 이성주의로 복귀하였다. 그는 자신이 발견한 언어 구조의 복잡성 그리고 어린 아이들이 빠르게 언어를 파악할 수 있다는 사실로부터 인간에게 필연적으로 구비된 생득적인 언어 능력이 있다고 판단하게 되었다.[113]

이러한 생각을 기초로 촘스키는 인간에게 '생득관념'이 있다는 문제를 다시금 제기하였다. 그는 또한 스키너의 심리학에 대해 가장 엄격한 비판을 가한 인물이기도 한데, 스키너의 실험 결과의 대부분이 인간의 행위를 설명하는 데 적용될 수 없다고 생각하였다. 그런데 촘스키가 이성주의를 복구

113 촘스키가 제안한 이른바 변형생성문법은 문장 생성의 기본적인 원리 몇 가지로부터 어떻게 무한한 문장 변형 및 생성 능력이 나오는가에 초점이 맞추어져 있다. 그는 인간이 전에 한 번도 들어보지 못한 문장을 이해하거나 또 무한한 문장을 만들어 낼 수 있는 능력에 주목하여 인간에게는 본연적 언어 창조 능력 및 습득 능력이 있다고 주장한다. 이런 것들은 모든 인간의 언어에 보편적으로 존재하는 것이며, 선천적으로 인간에게 주어진 것이라고 생각한다. 촘스키의 이런 입장에 대해서 여전히 경험주의 학자들의 반론이 제기되고 있다.

하려고 했던 노력은 서양철학, 언어학, 심리학의 각 방면에서 큰 영향력을 발휘했지만, 보편적인 승인을 얻지 못했을 뿐만 아니라 촘스키 본인도 '선험 도덕' 혹은 '신 존재'와 같은 오래된 이성주의적 철학 논제까지 언급한 것은 아니었다. 그는 다만 언어 연구의 경험적 증거에 근거하여 경험주의자들이 인간을 완전히 일반 동물로 낮추어 취급하는 견해에 반대하였을 뿐이다. 촘스키와 경험주의자 간의 논쟁은 여러 복잡한 문제들을 수반하는데, 여기서는 더 이상 언급하기 어렵다.

총괄하건대 우리는 아직 다음 단계의 논제를 다룰 수 있는 시점에 도달하지는 못했다. 아마도 '선천능력'이라는 문제에 대해서는 가까운 미래에도 여전히 최종적 답안을 찾을 수는 없을 것이다. 필자가 촘스키의 설을 인용한 의도는 결코 '인간이 생득적으로 가진 언어능력'으로부터 '인간이 생득적으로 가진 가치 자각 능력'을 도출해내려고 한 것은 아니다. 필자가 다만 지적하려고 했던 것은 '선천 관념'을 견지하는 촘스키의 주장이 '내재적 가치 근원'이라는 문제에 대해 새로운 시사점을 제공해 준다는 점이다. 이 중요한 문제에 대한 현대 경험과학의 지식은 결코 최종적인 판단을 내릴 수 없다.

필자가 앞서 논한 바와 같이 칸트는 도덕법칙을 경험 지식과 구분하였다. 그러나 스키너와 같은 오늘날의 행동주의자 진영에서는 근본적으로 '선험 도덕'설이 일찌감치 '과학'에 의해 전복되었다고 여긴다. 촘스키의 예는 적어도 우리에게 경험 지식 가운데 '생득관념'을 지지할 수 있는 근거들의 단초가 나타났음을 보여준다. 따라서 이 문제에 대한 논의는 여전히 진행되고 있으며, 의심하는 자들도 당연히 이유를 가지고 있고 신뢰하는 자들 역시 전혀 근거가 없지는 않다. 다시 말해, 설령 엄격한 과학적 관점에 근거하더라도 자아에 관한[114] 동양인의 견해는 아직 완전히 포기해야 하는 상황에 이른 것은 아니다.

114 여기서 말하는 자아는 도덕자아를 말하는 것으로, 맹자와 심학 계열의 양지양능, 사단 · 사덕과 본심 등을 가리킨다.

19
동양인의 생사관

마지막으로 필자는 몇 구절로 생사에 관한 동양인의 견해를 논하고자 한다. 왜냐하면 이것 역시 각 문화 담론이 반드시 직면해야 하는 문제이기 때문이다. 이 문제에 관한 일반 민간 신앙적 이해와 지식인들의 이해에는 물론 비교적 큰 차이가 있지만, 양자 사이에는 여전히 상통하는 부분도 있다.

대체적으로 말해, 동양인의 생사관은 '인간과 천지만물이 하나'라는 관점의 연장선상에 있다. 민간신앙으로 말하자면 불교가 동아시아에 유입되기 이전에는 동아시아인들에게 결코 영혼불멸에 관한 견해가 없었다. 중국 고대에는 '혼

(魂)'과 '백(魄)'의 관념이 있었는데, 이는 각각 천지의 기운을 대표한다. '혼'은 하늘로부터 오고 양(陽)에 속하는 반면, '백'은 땅으로부터 오고 음(陰)에 속한다. 전자는 인간의 정신 지각을 주관하고, 후자는 인간의 형체와 혈육을 주관한다. 혼과 백이 합하여지면 태어나게 되고, 혼과 백이 흩어지면 죽음에 이르게 된다.

이것은 일종의 이원론적 영혼관으로서 세계 문화 가운데 매우 이색적이다. 무엇보다 주목할 만한 것은 혼과 백이 흩어진 뒤에 하나는 하늘로 올라가고, 다른 하나는 땅으로 들어간다는 점이다. 최근 장사(長沙) 마왕퇴(馬王堆) 한묘(漢墓)에서 발견된 비단에 그려진 그림과 목판에서는 이러한 차이를 매우 분명하게 표현하였다.[115] 그러나 혼과 백은 최종적으로 천지의 기(氣)로 다시 돌아가므로, 영원히 존재하는 개체는 아니다. 주대(周代) 이래 제사제도에는 천자는 7묘, 제후는 5묘를 꾸미고, 사(士)와 서인(庶人)의 경우 조부까지만 제사를 지낸다는 식의 규정이 있는데, 그 이면에는 바로 조상의 영혼이 오래되면 '기'로 화하여 다시는 자손의 제사를 받을 수 없다는 가정이 있다. 이 점에 관해서는 자산(子

115 필자의 『중국고대 사후 세계관의 변화』를 참고- 원주.

産)이 혼, 백을 논할 당시 이미 명백하게 지적한 바가 있다. 따라서 중국 고대에서는 비록 '천당'과 '지옥'에 관한 상상이 있었다 하더라도 결코 충분히 발달되지는 못했다. 가장 중요한 것은 역시 인간세상이었으며, 천당과 지옥 역시 인간세상의 연장이다. 요컨대 생전세계와 사후세계의 관계 역시 일종의 부즉불리의 특색을 보여준다.

불교 유입 이후 천당과 지옥에 관한 상상은 당연히 보다 풍부해졌으며 또한 더욱 분명해졌다. 그러나 윤회의 관념은 여전히 사람들로 하여금 사후에 끊임없이 인간세상으로 다시 돌아온다고 믿게끔 하였다. 민간에서 불교의 사후 신앙을 쉽게 받아들였던 이유가 여럿 있는데, 이것이 바로 그 중요한 이유 중 하나였다. 현대화라는 충격 아래에서 생사에 관한 민간의 신앙은 비록 완전히 소실되지는 않았다 하더라도 점차 쇠미해진 것은 의심의 여지가 없다. 따라서 우리는 이 민간신앙 방면의 현대적 변화에 과도한 주의를 기울일 필요가 없다. 하지만 생사에 관한 지식인 계층의 견해에 관해서는 주의를 기울일 만한 가치가 있다.

공자의 "아직 사람도 제대로 섬기지 못하면서 어찌 귀신을 섬길 수 있겠는가?", "아직 삶도 제대로 모르면서 어떻게 죽음을 알겠는가?"[116]라는 말은 모두가 익히 알고 있다. 이러한 관점은 일찍이 자크 쇼롱(Jacques Choron) 같은 서구학자에 의해 '문제를 회피하는' 태도로 오해되어 왔다. 사실 공자는 문제를 회피한 것이 결코 아니라 성실하게 죽음의 문제에 임한 것이다. 왜냐하면 사후(死後)가 어떤 모습인지 하는 문제는 본래 알 수 없는 것이기 때문이다. 이러한 상황은 오늘날까지 조금도 바뀌지 않았다. 그러나 생이 있으면 반드시 죽음이 있고, 또 죽음은 생의 완성이다. 공자는 생의 의의를 사람들에게 이해시켜서 죽음에 대한 공포를 해소시키고자 한 것이다. 이러한 태도는 하이데거와 매우 흡사하다. 공자만 이러했던 것이 아니라 '생과 사를 하나로 여겨 만물을 동일시'했던 장자 역시 다음과 같이 말했다. "그러므로 나의 생을 잘 영위하는 것이 바로 죽음을 잘 맞이하는 것이다"[117] 장자는 또한 '기'의 취산설(聚散說)을 사용하여 생사를 논하였다. 이는 혼백의 이합설과 상응될 뿐만 아니라, 그 이면에는 여전히 견고하여 파괴되지 않는 '인간과 천지만물이 일체'라는 관점이 놓여있다.

116 "未能事人, 焉能事鬼" "未知生, 焉知死" 『論語』「先進」 논어 원문 순서와 다르게 인용되었기에 각각 인용문으로 처리하였다.

117 "夫大塊載我以形, 勞我以生, 佚我以老, 息我以死. 故善吾生者, 乃所以善吾死" 『莊子』「大宗師」

불교의 도전 뒤 생사에 관한 송대(宋代) 유가의 견해는 중국 사상의 주류적 견해로 복귀하였다. 장재(張載: 1020~1077)는 '생'이 '기의 취합'이며, '죽음'은 '기의 흩어짐'이라고 강조하였는데, 이는 장자의 견해를 흡수한 것이다. 소아(小我)의 관점에서 보자면, '기의 취합 역시 나의 몸이요, 기의 흩어짐 역시 나의 몸이니' 자연히 죽음 때문에 두려워 불안에 떨 필요가 없는 것이다. 대아(大我)적 관점에서 보자면, 우주와 인류의 삶은 모두 '생명창생이 끊임없는 과정[生生不已]'이니 죽음은 언급할 필요도 없다. 주희는 불교가 생사로 인간을 두렵게 하여 비로소 오랫동안 유행할 수 있었다고 여겼다. 그러나 우리가 '사사로운' 일념을 초월하여 우리의 몸을 과도하게 중시하지 않는다면, 우리는 곧바로 '죽음'의 공포로부터 벗어날 수 있게 된다.

동양의 사상가들은 줄곧 영혼불멸의 관념을 중시하지 않았다. 환담(桓譚: BC 24~AD 56)이 논한 '형신(形神)', 왕충(王充: 27~97)의 '무귀론(無鬼論)', 범진(范縝: 450~515)의 '신멸론(神滅論)'[118]이 가장 대표적인 사례이다. 그러나 동양

118 환담은 형체와 정신의 관계를 초와 초의 불꽃에 비유하면서, 초가 다 타면 불꽃이 혼자 불빛을 낼 수 없는 것처럼 인간의 정신도 몸 없이 독립해

사상에서 가장 가치 있다고 할 수 있는 부분은 영혼불멸에 의지하지 않고서도 적극적으로 인생을 긍정할 수 있었다는 점에 있다. 공을 이루며, 덕을 세우고, 학설을 내세우는 것은 동양의 고대로부터 전해 내려오는 세 가지 불후(不朽)의 믿음이며, 또한 '영생'에 대한 동양인들의 확신이다. 이런 믿음은 오늘날까지 줄곧 많은 동양인의 마음속에 살아 있다. 우리는 이것이 현대생활에 가장 적합한 '종교적 믿음'이라고 추호의 의심도 없이 말할 수 있다.

과학을 제창하는 데 가장 열심이었던 호적(胡適: 1891~1962)은 일찍이 「불후(不朽)—우리의 종교」라는 제목의 글을 남긴 바 있다. 이는 사실상 동양의 전통적인 불후론에 대한 현대적 해석이다. 동양인의 생사관에 근거하면 모든 개인

서 존재할 수 없다고 보았다. 왕충도 영혼불멸이나 사람이 죽어 귀신이 된다는 설을 부정했다. 사람의 정신은 신체에 의지하는 것이지 신체를 떠나 단독으로 존재할 수 없으며, 흔히 귀신을 보았다는 것은 두려운 마음과 상상이 만들어 낸 헛것을 본 것에 지나지 않다고 왕충은 판단했다. 또한 범진은 불교의 이론적 기초인 신불멸론에 맞서 신멸론을 주창했다. 그는 자연은 우연적인 것이지 인과응보에 의해 움직이지 않으며, 따라서 윤회도 있을 수 없다고 보았다. 육체와 정신은 서로 의지하며, 나아가 형체는 바탕이고 정신은 쓰임일 뿐이므로, 그에게도 역시 영혼은 따로 불멸할 수 있는 것으로 이해되지 않았다.

은 소아(小我)의 죽음에 직면하여 담담하게 적극적으로 사람의 도리를 다하고 성실하게 일을 도모할 수 있다. 사람이 하루를 사는 것은 하루의 의미를 온전히 실현하는 것이고, 일단 죽으면 그 기는 흩어져 천지로 돌아가니 조금도 여한이 있을 수 없다. 이것이 바로 '나의 생을 잘 영위하는 것이 바로 죽음을 잘 맞이하는 것'이라는 말이다. 장재가 『서명(西銘)』에서 말한 "살아서는 일에 따르고 죽어서는 편안하게 쉬리라"[119]라는 말이 이런 생각을 가장 잘 표현했다.

119 "存吾順事, 沒吾寧也" 『西銘』 일반적으로 장재의 생졸 연대를 1020~1077로 잡지만, 송사에 의하면 1077년 12월에 작고하였으므로 장재의 작고 해는 서력으로 계산하면 1078년이 된다.

20

동양문화와 현대생활의 조화

이상에서 필자는 동양적 가치체계의 핵심 문제로부터 출발하여 동양문화의 현대적 전환이라는 문제를 살펴보았다. 필자는 이러한 다방면의 고찰이 이 책의 서두에서 제시하였던 주된 의도, 즉 동양문화와 현대생활은 서로 배척하는 두 개의 실체가 아니라는 점을 해명해 주었으면 한다. 현실에서 추상적 현대생활이란 결코 존재하지 않으며, 각 민족의 구체적 현대생활만이 있을 뿐이다. 동양인의 현대생활이란 현 단계에서의 동양문화가 재현되는 구체적 표현이다.

동양문화는 현대에 이르러 전대미문의 극심한 변동을 겪

었는데, 서구 현대문화와의 충돌이 이러한 변동의 근본 원인이라 할 수 있다. 이것은 우리 모두가 목도한 역사적 사실이다. 그런데 이러한 극심한 변동이 이미 동양문화의 기본 가치체계를 철저하게 붕괴시킨 것은 아닌가? 이 문제는 두 방면에서 답할 수 있다. 개인의 관점에서 말하자면, 일부 지식인, 특히 소수의 서화론자들은 확실히 의식적으로 동양적 가치체계의 핵심 부분들을 배척한다. 비록 그들은 소수이지만 세심하게 관찰하기만 한다면, 우리는 그들의 무의식적 행위 속에서 그들이 여전히 전통적 가치의 정신에서 완전히 벗어나지 못한 것을 발견할 수 있다.

전체 동양인의 관점에서 말하자면, 필자는 동양문화의 기본 가치가 결코 완전히 우리를 떠날 수 없으며 다만 일종의 모호한 상태 가운데 처해 있다고 절실히 느낀다. 동양인들이 보통 사람을 대하고 일을 처리하며, 처세(處世)하고 사물을 접하는 방식에는 여전히 암묵적으로 동양적 가치체계가 깔려 있다. 이것은 경험적인 문제로서 반드시 경험적 연구를 기다린 연후에 답해야만 한다. 다만 필자는 여기에서 우선적으로 일종의 직관적 관찰만을 제기할 뿐이다.

대략적으로 말해, 문화의 변천은 다양한 층차로 나눌 수 있는데, 첫째는 물질적 층차이고, 다음은 제도적 층차, 그 다음은 풍속 · 습관적 층차이며, 마지막은 사상과 가치의 층차이다. 대체로 물질적 · 유형적 변천은 비교적 수월한 반면 무형적 · 정신적 변천은 매우 어렵다. 현대세계에서 각 문화의 변천은 아마도 이러한 현상을 모두 보여주며, 동양만 그렇다는 것이 아니다. 표면적으로 현대 동양의 변화는 매우 크다. 과학, 제도에서부터 일부 풍속과 관습에 이르기까지 모두 백 년 전과는 확연히 다른 분위기이다. 그러나 오히려 정신적 가치 방면에서는 결코 근본적인 전환이 없을 뿐 아니라, 사실상 이전의 우리 자신을 완전히 버릴 방법이 없다. 근 백 년 동안 학계의 사상적 분열과 혼동으로 인해, 동양문화의 기본 가치는 줄곧 체계적이고 의식적으로 현대적 맥락에서 사리에 맞게 정리될 기회가 없었다. 정서적 혼란이 이성적 사고를 마비시켰던 것이다. 이것은 '서구문화'를 이용하여 '동양전통'을 붕괴시키자고 주장하는 것이 아니라, '동양전통'으로 '서구문화'에 대항하자는 주장이다.

동양의 학술 사상계에도 당연히 명철한 이성과 열린 가슴을 가진 지식인이 없었던 것은 아니다. 다만 그들의 목소리가 본래 매우 미약하여 앞서 논한 두 가지 격동적 외침 아래에서 전혀 들리지 않았을 뿐이다. 따라서 동양의 기본 가치는 비록 존재하지만, 줄곧 '매일 쓰이고도 인식되지 못하는' 상황에 처하게 된 것이다. 가치체계가 자각적 반성과 검토를 거치지 않으면 시의에 맞춰 새로워질 수 없으며, 현대적 의의를 획득하여 창조적 역량을 발휘할 수도 없게 된다.

서구의 경우 종교개혁과 과학혁명 이래 '신'과 '이성'이라는 두 가지 최고의 가치 개념은 새로운 이해를 통해 새로운 방향으로 발전되었으며 새로운 세계를 열었다. 그들이 인간 세상에서의 근면한 노력과 창업 활동을 신의 '소명'으로 이해한 것은 자본주의 정신의 흥기를 도왔으며, 학술 연구를 기독교의 천직(Scholarship as a Christian calling)으로 이해한 것도 서구 근대 인문교육과 인문학 분야의 발전을 촉진시켰다. '신'이 창조한 우주는 법칙과 질서가 있다고 여겼으며, 인간의 직분은 '이성'을 운용하여 우주의 질서와 법칙을 발견하는 것이라 여겼다. 이는 근대 수많은 과학자들이 받아들인 기본 신념으로서, 뉴턴으로부터 아인슈타인에 이르기까지 모두 그러하다. 아인슈타인은 '신'을 '자연계에서의 이성 체현'이라고 여겼다. 그래서 그는 평생 양자물리학에서 말하는 '불확정성의 원리'를 거부하였던 것이다.

정치, 사회의 영역에서 자유, 인권, 관용, 공평 등의 가치 역시 '신'과 '이성'의 관념을 벗어나지 않을 때만이 진정한 의미를 가지고 있다. 서양의 외재 초월적 가치체계는 '현대화'로 인해 붕괴되지 않을 뿐만 아니라, 바로 '현대화'에서 요구되는 극히 중요한 정신적 원천이다. 앞에서 지적한 바와 같이 서구의 가치체계는 현대화의 후반기인 오늘날에 이르러 심각한 위기에 봉착하였다. 하지만 서구인들은 이와 동시에 다양한 측면에서 이러한 위기의 특성과 그에 대한 구제의 방법을 모색하기 시작했다. 그들이 어떻게 이런 위기 상황을 극복할 수 있을지는 현재로서 알 수 없지만, 확실히 알 수 있는 것은 새로운 반성과 성찰이 서구문화의 다음 발전 단계에 새로운 출발점을 제공해 준다는 점이다.

동양에서 진행되는 현대화의 곤경 중 하나는 가치 관념의 혼란에서 기인한다. 특히 혼란의 원인은 전통문화와 현대생활을 대충 일괄하여 서로 융화되지 않는 두 개의 서로 다른 대립체로 보는 것에 있다. '현대화'를 '서구화'와 동등하게 여기는 것은 보수파나 진보파 모두에게 상당히 보편적인 현상이다. 이는 문화 문제에 대해 기본적인 인식이 결핍되어 있음을 보여주는 구체적 징표이다. 급진적 서화론자들의 경우, 자각적인 측면에서 동양문화를 완전히 부정하기 때문에 자연히 동양문화의 가치체계 문제를 다시금 생각하고 진지하게 고려해보기란 불가능하다. 한편 극단적인 보수론자들은 동양문화가 전면적으로 서구보다 우월하다고 강조하기 때문에 쌍방의 가치체계에 대해서 평정심으로 침착하게 그 같음과 다름을 분별하려고 하지 않는다. 이 두 진영이 동양문화를 공격하거나 옹호하려고 할 때, 가치체계와 고대의 특수한 제도 및 습관은 혼동되어 분간되지 않는데, 이것이 바로 피하기 어려운 고질병이다.

근대 동·서 문화에 대한 논쟁이 단지 특정 지식인들이라는 소집단 내에 국한되어 있었지만, 점차 전파된 후에는 종종 지식인층 이외의 일반인들에게까지 영향을 미치게 된다. 그리하여 그들이 동양의 기본 가치를 '매일 따르지만 이를 인식하지 못하는' 상황에 이르면 점차 동양의 가치 관념에 대해 오해와 곡해가 발생하게 된다. 이 점에서 볼 때 우리는 문제의 심각성을 어렵지 않게 이해할 수 있다.

케인즈(J. M. Keynes)가 경제 문제를 언급하면서 남긴 명언이 있다. "실제 생산에 종사하는 사람들은 자신들이 학술사상계의 영향을 받지 않는다고 생각한다. 하지만 실제로 그들은 종종 이미 작고한 어떤 경제학자 혹은 어떤 경제 학설의 노예들이다." 문화 문제 역시 바로 그러하다. 가치체계의 문제가 만약 오랫동안 밝혀지지 않고 방치된다면, 동양문화에 대해 치명적인 결과를 초래할 수 있으며, 그 어떤 현대로의 전환이라는 것도 빈말이 되고 말 것은 말할 필요도 없다.

21

동양적 가치체계의 미래

필자는 본문 속에서 동양문화의 가치체계와 고대의 제도, 풍속 및 물질적 토대 등을 구분하였다. 하지만 이는 필자가 문화 가치를 영구불변하는 것으로 믿고 있음을 보여주는 것이 절대로 아니며, 문화 가치를 시공을 초월한 형이상학적 실체로 간주하고 있음을 말하는 것은 더더욱 아니다. 사실상 필자는 동양 가치체계 각각의 주요 부분을 구분하여 토론할 때, 이 체계가 직면하고 있는 현대적 변천에는 반드시 조정과 적응이 필수적임을 이미 곳곳에서 지적하였다.

필자는 일부 분야에서 동양이 반드시 '서구화'되어야 한다고 말하는 데 있어 조금도 거리낌이 없다. 그러나 전반적으로 동양의 가치체계는 근대화 및 '탈근대(Post-modern)'의 도전을 견뎌낼 수 있었으며, 앞으로도 자신의 존재 근거를 상실하는 데까지는 이르지 않을 것이다. 이는 중국문화만 그런 것이 아니다. 오늘날의 서구문화, 그리스문화, 이슬람문화, 일본문화, 인도문화 등도 정도가 다른 현대적 변천을 거쳤지만 자국 문화 가치의 중심 체계를 여전히 보존하고 있다. 그 중 가장 극단적으로 최고의 계발성을 지닌 예는 인도의 '금욕(renunciation)적' 가치 관념과 엄격한 카스트 제도가 어떻게 현대화의 도전 아래 창조적 작용을 발휘하였는가 하는 점이다. 이 점은 프랑스 사회학자 루이 뒤몽(Louis Dumont)의 고전『계층적 인간, 카스트제도와 그것의 영향』(Homo Hierarchicus, The Caste System and Its Implication)에서 볼 수 있다. 이렇게 오랜 역사를 가진 민족의 가치체계는 모두 문화가 구체적 형태를 갖추게 되는 역사 단계에서 형성된 것들이며, 기본적으로 이로부터 그들의 사상과 행위가 제한된다.

화이트헤드는 "서양철학사는 플라톤 철학에 대한 각주에 불과하다"[120]라고 말한 바 있는데, 이는 단지 철학을 가리켜 말한 것일 뿐이다. 그런데 사실 이러한 견해를 확장하여 대규모의 문화적 가치체계 방면에 응용할 수 있다. 각각의 대규모 문화권은 당연히 수차례의 변천을 거친 것이지만, 그 가치체계의 중심부는 오늘날까지 여전히 활력이 넘친다. 이렇게 생동하는 현실은 결코 소수의 사람들이 보지 못한다고 해서 곧장 자동적으로 소실되지는 않는다.

오늘날 세계 각 민족, 각 문화의 접촉과 소통의 빈번함과 그 밀접함은 이미 전대미문의 정도에 이르렀다. 갖가지 공통의 위기에 직면하고 있기에 아마도 전 인류는 앞으로 각 문화를 융합하여 이루어진 공동의 가치체계를 진정으로 창조해 낼 수 있을 것이다. 동양에서들이 말하는 '대동(大同)'의 꿈이 실현될 수 있는 날이 영원히 없을 것이라 여길 필요가 없다. 하지만 이날이 오기 전에 동양인들은 오히려 반드시 계속하여 자신이 이미 가지고 있는 정신 자원을 발굴하고, 자신이 이미 이룬 가치체계를 갱신하여야 한다. 이렇게 할 때만이 동양인들은 비로소 미래 세계 문화의 창생 과정에서 자신들만의 독특한 공헌을 하기를 기약할 수 있으리라!

---

120 화이트헤드의 본래 뜻은 서양의 후세 철학자가 논한 것이 모두 플라톤이 제기한 기본 범주 및 문제와 분리될 수 없다는 것이지, 서양철학사가 모두 플라톤의 철학 개념을 사용하고 있다고 말한 것은 아니다. 비판과 반론 제기 역시 일종의 각주를 다는 방식이다. 독자들의 오해가 없길 바란다. - 원주

22

내향 초월문화의 지식인이 나아갈 길[121]

1) 지식인과 '도(道)'

고대 중국에서 지식인은 '사(士)'로 불렸고, 사의 출현은 도 개념과 분리될 수 없다. 그래서 공자는 "사는 도에 뜻을 둔다"고 했던 것이다(『論語』「里仁」). 사와 도, 이 두 용어는 공자 이전에 이미 존재하고 있었지만, 그 함의는 매우 달랐다.

121 이 글의 원제는 '중국 지식인의 역사'이지만 본문의 내용은 지식인 개념의 형성과 그 역사에 관한 것이다. 이를 고려하여 제목을 수정한다.

우선 공자 이전 상황을 간단하게 살펴보도록 하자.

상나라와 주대의 문헌에는 '다사(多士)', '서사(庶士)', '경사(卿士)' 등의 칭호가 많이 보인다. 이들 사는 일반적으로 당시 '서(書)와 예(禮)를 아는' 귀족을 가리킨다. 상나라 복사(卜辭)에 보이는 '복인(卜人)' 역시 사의 일부였다. 『설문해자(說文解字)』와 『백호통(白虎通)』 모두에 "사(士)는 일(事)을 하는 사람이다"라는 기록이 있다. 따라서 오늘날 많은 연구자들은 상나라와 주대의 문헌 중의 사가 조정에서 각종 업무를 수행하던 사람들이었다고 생각한다. 주나라의 교육은 예악사어서수(禮樂射御書數)의 육예를 위주로 하였는데, 육예의 수련을 받은 사람들을 '술사(術士)' 또는 '유(儒)'라고 불렀다. 그들은 자신이 잘하는 기예에 따라 서로 다른 업무를 맡을 수 있었다. 예를 들어, 공자는 위리(委吏)로서 창고를 관리하였으며, 창고 출입의 수량을 파악하는 일을 담당했다. 그러니 공자는 당연히 육예 중 하나인 '수(數)'를 배웠을 것이다. 공자는 또한 "내가 무엇을 전문으로 할까? 마차몰이를 전문으로 할까? 활쏘기를 전문으로 할까?"(『論語』「子罕」)라고 말한 적이 있는데, 그는 어와 사를 배웠고, 예와 악은 공자가 가장 심도 있게 배운 두 가지 분야였다. 고대 귀족 사회에서 예와 악은 그 용도가 매우 넓은데, 이 두 가지

기예를 배운 뒤에는 보다 많은 '일[事]'을 감당할 수 있었다. 이를 테면 각종 '상례'와 '악사'가 그것이다. 따라서 『설문』에서 '일[事]'로 사(士)를 해석한 것은 확실한 근거를 가진다.

공자 이전에 도 관념은 대체로 천도(天道)를 지칭하였는데, 당시에는 천도의 변화로 인사(人事)의 길흉화복을 설명했다. 이에 대해 청대 전대흔(錢大昕)은 이미 정확한 고증을 제시한 바 있다.

> 옛 서적에서 천도를 말하는 것은 모두 길흉화복으로 말한다. 『고문상서』에서는 "가득 차면 덜어냄을 불러오고 겸손하면 더함을 주는 것, 이것이 천도이다. 천도는 선한 자에게 복을 내리고 악한 자에게 화를 내린다."고 하였으며, 『역전』에서는 "천도는 가득 찬 것에서는 덜어 내고 겸손한 자에게는 채워준다"고 하였다. 『춘추전』에서는 "천도는 서북 방면에 많이 있다. 천도는 멀고 인도는 가깝다. 부엌신이 어찌 천도를 알겠는가. 천도는 아첨하지 않는다"고 하였으며, 『국어』에서는 "천도는 선한 자에게 상주고 악한 자에게 벌을 준다. 내가 고(瞽)·사(史)가 아닌데 어찌 천도를 알겠는가?"라고 하였다. 『老子』에서 "천도는 편애함이 없이 항상 선한 자와 함께 한다"고 한 것 등은 모두 길흉으로 천도를 언급한 것이다.

춘추 이전에는 아직 『논어』, 『노자』에서 말한 추상적인 도 개념이 없었다. 도 자는 단독으로 쓰이는 경우 단지 사람이 다니는 길을 뜻한다. 그래서 『설문』에서는 "도란 지나다니는 길[行道]이다"라고 하였다.

결론적으로 고대의 사는 정부의 각 부문에서 일[事]을 관장하던 관원이었다. 따라서 고염무는 "사란 대개 직책을 가진 사람들을 말한다"(『日知錄』 卷7 「士何事」)라고 하였다. 다른 한편 고대에는 아직 보편적이고 추상적인 도 관념이 발전하지 않았다. 춘추 이전에 천도란 구체적이었고, 인간의 길흉화복을 주관한다고 여겨졌다. 이러한 천도관은 원시 종교 단계에서 아직 완전히 탈피하지 못하였음을 보여준다. 원시 종교에서는 오직 특수한 능력을 가진 소수만이 하늘과 사람, 혹은 신과 인간 사이의 매개자가 될 수 있었다. 이를 테면 상대의 복인(卜人), 주대의 무(巫)·고(瞽)·사(史)와 같은 자들이 그러했다. 하지만 이들은 사(士)의 일부였을 뿐이다. 나머지 사들은 천도와 직접적 관계가 없었다. 따라서 단양공은 노성공의 질문에 답하면서 "내가 고·사가 아닌데 어찌 천도를 알 수 있겠는가?"(『國語』 「周語」 下)라고 하였던 것이다. 위소(韋昭)의 주석에 따르면 고(瞽)는 악태사로서

음악을 주관하고, 군악(軍樂)을 듣고 길흉을 살폈으며, 사(史)는 태사로서 천시(天時)를 살폈다. 이 두 직책의 일은 모두 '천도를 파악하는 것'이었다.

따라서 공자가 말한 "선비는 도에 뜻을 둔다"는 말은 새롭게 출현한 지적(知的) 상황을 가리키며, 이는 춘추 이전의 전통과 확연히 다르다는 것을 알 수 있다. 이러한 새로운 상황의 출현은 '사'와 '도'의 관념이 춘추 시대에 이르러 근본적 변화를 겪게 되었다는 것을 설명해준다. 지금부터 그 변화의 과정에 대해 살펴보기로 하자.

춘추 이전 시기 사는 고염무의 말처럼 "대개 직책이 있는 자"들을 가리켰다. 왜냐하면 주대 봉건제도에서 사는 귀족 계급 중 가장 낮은 계층에 속했기 때문이다. 사 위에는 천자, 제후, 대부가 있어 일종의 피라미드 구조를 형성하고 있었다. 봉건 귀족은 세습되었고, 그들은 시·서·예·악의 모든 지식을 장악했을 뿐만 아니라 정부의 모든 자리를 독점하고 있었다. 이러한 상황에서 사의 지위는 제한적일 수밖에 없었다. 이러한 제한은 세 측면에서 설명될 수 있다.

첫째, 사회적 신분의 측면에 있어서 사는 봉건 귀족 계급에 의해 제한되었다. 둘째, 정치적 측면에서 사는 각종 구체적인 직위로 인해 활동 범위가 제한되었다. 셋째, 사상적 측면에서 사는 시 · 서 · 예 · 악 등 관학의 범위 안으로 지식활동이 제한되었다. 이러한 세 측면의 제한 아래 사 계급은 자연히 초월적인 정신[122]을 발휘하여 현실 세계에 대한 전면적이고 체계적인 반성과 비판을 진행할 수 없었다. 따라서 춘추 이전 시기에 사는 진정한 지식인이라고 볼 수 없다. 현대적 관념에서 지식인이란 사회에 대한 비판 정신을 가진 자들을 말하기 때문이다. 이는 물론 춘추 이전 시기의 사가 현실사회에 아무런 비판도 하지 않았다는 것을 의미하지는 않는다. 『시경』을 보면 서주 말기(려왕 이후) 현실을 비판하는 많은 작품들이 있으며, 풍자적인 시들이 대량 출현했다. 려왕에 대한 소공의 말에 근거하면 "천자가 집정할 때 공경(公卿)으로부터 사에 이르기까지 모두 풍자시를 올렸다."(『國語』「周語」上)고 한다. 이러한 풍자시 중에는 사의 비판도 포함되어 있다. 또한 『좌전』의 "사는 자신의 말을 [군주에게 직접 고할 수 없어 대부에게] 전해야 하고, 서인들을 가르치고 질책한다(양공 14년)"는 언급에 근거하면, 사는 고대에 이미 비판하는 소임을 수행하고 있었다. 그런데 서주 시기의 사회적 비판 의식을 담은 시들, 예를 들어 『시경』 소아(小雅)

122 '초월적 정신'의 의미는 아래에서 분명해진다.

의 절남산(節南山)·정월(正月)·십월지교(十月之交), 대아(大雅)의 상유(桑柔)·첨앙(瞻仰) 등은 모두 상세하며 구체적인 풍자시이다. 이는 공자 이후 사의 역할과는 매우 다른 면모이다. 후자는 도의 초월적 관념으로부터 현실 세계를 비판한 것이며, 그렇기 때문에 보다 전면적이고 철저하다. 공자를 기점으로 전후기의 사 개념이 다른 것은 주로 전기의 '사'의 역할이 사회적 지위와 정치적 직위에 제한되어 있었기 때문이다. 이는 마치 증자가 "군자는 그 직위를 넘어서는 일까지 생각하지 않는다"(『論語』「憲問」)[123]고 한 말과 같다. '사'가 생각하는 문제가 완전히 자신의 직무 범위 내로 제한된다면, 그가 제기할 수 있는 비판 역시 자연히 국부적이고 부분적일 수밖에 없었을 것이다.

하지만 춘추 시대에 이르러 사의 사회적 지위는 근본적 변화를 맞이하게 된다. 이는 주로 주대 봉건 질서의 와해가 가져온 결과이다. 봉건제도에서 사는 대부 바로 아래이며 귀족 중에서 가장 하위 계급이었다. 사 아래는 평민, 즉 서인이다.

123 논어에서 공자가 "그 자리에 있지 않으면, 그 정사(政事)를 도모하지 않는다"고 한 바로 뒤 구절에 나오는데, 증 선생님[曾子]이라고 한 것으로 보아 증자의 제자들이 유사한 취지의 글이라고 생각하여 원문에 덧붙인 것으로 보인다.

현존하는 문헌에 근거할 때, 대략 기원전 6세기경부터 사는 점점 서인과 같아지게 되었다. 『국어』 「초어(楚語) 下」에서는 관야보가 제사를 논하는 것을 기록하여 이르기를 "사와 서인은 시제(時祭)를 지내지 않고",[124] "사와 서인은 자신들의 조상 제사 이외에는 지낼 수 없다."[125]고 하였다. 금문 『주공화종(邾公華鍾)』에도 역시 "연회에서 사와 서인은 함께 자리한다"라는 기록이 있다. 즉, 사와 서인을 유사 계층으로 함께 지칭하고 있다. 이는 당시 사람들의 관점에서 사와 서인 간의 거리가 사와 대부 간의 거리보다 가까웠음을 보여준다. 이러한 현상은 사회적 계층 유동의 결과이다. 한편으로 서인에게는 사 계층으로 올라갈 수 있는 기회가 있었으며, 다른 한편 귀족 계급, 특히 사 계층은 서인으로 내려갈 수 있었다. 기원전 538년 숙향(叔向)은 이미 진나라의 귀족 중 여덟 성씨의 후손이 "노비가 되었다"고 기록하고 있다. (『左傳』 소공 3년) 기원전 509년 사묵(史墨) 역시 다음과 같이 개탄한다. "삼후(三后)의 성씨가 오늘날 서인이 되었다."(『左傳』 소

124 "是以古者先王日祭 · 月享 · 時類 · 歲祀. 諸侯舍日, 卿 · 大夫舍月, 士 · 庶人舍時."

125 "天子徧祀羣神品物, 諸侯祀天地 · 三辰, 及其土之山川, 卿 · 大夫祀其禮, 士 · 庶人不過其祖."

공 32년) 여기에서 삼후는 하 · 은 · 주 삼대의 왕족을 가리키는 것이 아니라 고대 이래 몰락한 귀족의 후손들을 광범위하게 지칭한다. 사는 가장 낮은 계급의 귀족이었기 때문에, 이 계층에는 몰락한 귀족과 상승한 서인 계층이 집중되어 있었다. 사와 서인 사이의 경계는 점점 모호해졌으며 전국 시대(기원전 5세기 중엽 이후)에 이르러 사는 마침내 귀족이 아닌 사민(四民)의 우두머리가 된다. 『춘추곡양전』 성공(成公) 원년에는 다음과 같은 기록이 있다.

> 상고에는 사민(四民)이 있었으니, 사민(士民), 상민(商民), 농민(農民), 공민(工民)이다.

『곡양전』은 비교적 늦게 쓰여졌는데, 여기에서 말하는 '사민(四民)' 및 '사민(士民)' 등은 대략 전국 중 말기에 유행했던 용어로 볼 수 있다.

'사'가 가장 낮은 귀족에서 사민의 우두머리로 전환된 것은 매우 중요한 역사적 의의를 가진다. 이로부터 사는 고정된 봉건 질서로부터 해방되었다. 그들은 한편으로 보장된 직위를 상실하였기에, 고염무의 표현과 같이 "사는 정해진 직분이 없다"와 같은 상황에 진입하였다(『일지록(日知錄)』 「주

말풍속(周末風俗)」). 하지만 다른 한편으로 그들은 자유로워졌으며, 그들의 사상은 더 이상 정해진 직위의 제한을 받지 않게 되었다. 그들은 종종 '유사(遊士)'라고 불리는데, 이 '遊'자는 적어도 두 가지 함의를 가진다. 첫 번째는 열국(列國)을 주유하며 직업을 구한다는 뜻이고, 두 번째는 봉건 질서로부터 유리되어 나왔다는 뜻이다. 그들은 중국 역사상 지식인의 원형을 대표한다.

위에서 서술한 사의 역할 전환은 공자 시대에 발생했다. 이것은 또한 공자가 말한 "선비는 도에 뜻을 둔다"는 말의 역사적 배경을 설명해 준다. 봉건제의 해체와 사회적 계층 유동의 결과, 사는 더 이상 정해진 신분과 구속의 제한을 받지 않을 수 있게 되었고, 이로써 사상적으로 해방되었다. 지난 날 그들은 사색함에 있어서 그 직분을 벗어나지 못하는 상황에 처해 있었으나, 지금은 사색함에 있어 그 직분을 벗어날 수 있게 된 것이다. 이러한 초월 정신의 출현은 그들로 하여금 현실 세계에 대해 상당히 전면적인 반성과 비판의 길을 열어주었으며, 이상 세계 즉, 도에 대해 자유자재로 탐구할 수 있게 했다. 따라서 중국 역사에서 지식인의 출현은 처음부터 도와 분리될 수 없었다.[126]

2) '철학적 돌파'와 내향 초월

청대 장학성(章學誠: 1738~1801)은 『文史通義(문사통의)』「원도(原道) 中」에서 다음과 같이 말했다.

> 관리와 스승, 통치와 교육을 합하여 천하의 총명한 자들을 하나로 아우르게 되면 기물[器]이 갖추어지고 도가 보존되니 인심은 법도를 넘지 않는다. 그런데 관리와 스승, 통치와 교육이 나뉘면 총명한 인재들을 모을 수 없어 한번 음하고 한번 양하는 것이 본성의 치우침을 따르게 되어 각각의 소견대로 그러하게 되는데, 이 또한 형세[勢]이다.

오늘날의 언어로 이를 풀이해보면, 공자 이전에는 정치와 사상이 합일되어 있어 학자들은 직분을 넘어서는 비판적 관점 없이[心無越思] 자신의 직위에 따라 구체적인 문제[器]를 생각할 뿐, 정치 사회 질서의 본질[道]에 대해서는 정합적인 이해를 갖고 있지 않았다. 하지만 공자 이후 정치와 사상은

---

126 이 글은 余英時,『士與中國文化』第1篇『고대 지식인 층의 홍기와 전개』에 수록되어 있으며, 후에『余英時文集』第4卷에 수록되었음- 원주.

분리되었으며, 학자들의 총명함과 재능은 더 이상 제한을 받지 않게 되었으므로, 그들은 자신들의 품성에 근거하여 독특한 견해를 발휘하였고, 스스로 전체적인 도를 얻었다고 여겼다는 말이다. 장학성은 결론적으로 "모든 학파들이 분분하게 도에 대해 말하였으며, 각자 스스로를 최고로 여겨 그 도로 천하를 바꿀 수 있다고 생각했다"고 하였다. 이는 매우 예리한 현대적인 안목이라고 할 수 있는데, 그 주장의 근거는 『장자』「천하」편에 이미 나와 있다.

> 천하가 크게 혼란해지자 성인과 현인들이 몸을 숨기고, 도와 덕의 가르침이 통일되지 못하며, 천하의 학자들은 도의 일단을 터득한 것을 가지고 스스로 만족하게 되었다. 비유하자면 귀와 눈 · 코 · 입은 모두 제각기 분명한 기능이 있지만, 서로 통할 수 없는 것과 같다. 마치 많은 학자들의 여러 재주처럼 각자의 장기가 있어 때로는 쓰이는 데가 있지만, 모든 것을 포괄하고 아우를 수는 없으므로 결국 한쪽으로 치우친 학자인 셈이다. …(중략)… 슬프구나! 많은 학자들은 자기가 뜻하는 쪽으로만 나아가 근본으로 되돌아올 줄 모르니 결코 도와 하나가 되지 못할 것이다. 후세의 학자들은 불행히도 천지의 순전(純全)함과 고인(古人)의 큰 모습을 보지 못하였고, 도

술(道術)은 천하 학자들로 인해 분열되었다.[127]

「천하」 편의 저자는 고대에 통일되었던 도가 전국시대에 이르러 완전히 붕괴되었기 때문에 제자백가가 흥기할 수 있었다고 지적한다. 그들은 모두 각각 도의 일부분을 얻었다. 이는 사실 도의 역사에 있어 획기적인 변화였고, 다른 고대 사상가들 역시 동의했던 바이다. 순자는 "모든 사람들의 환란은 한 측면에 가려져서 큰 원리에 어둡다는 데서 생겨난다"고 하였고, 또 각 학파들은 각자 폐단을 가지고 있어 그들이 본 것은 "모두 도의 일부일 뿐이다"(『荀子』「解蔽篇」)라고 지적하였다. 『회남자(淮南子)·숙진훈(俶眞訓)』에서는 "주 왕실이 쇠락하고 왕도가 패하자 유묵(儒墨)이 도를 분열시켜 논하고 서로 나뉘어 무리지어 쟁론한다"라고 기록되어 있다. 이러한 기록들은 모두 장학성의 논점이 매우 정확하다는 것을 증명한다. 제자학에서는 분분히 도에 대해 말하였고, 모두 자신의 도로써 천하를 바꾸려고 했다. 왜냐하면 그

127 天下大亂, 賢聖不明, 道德不一, 天下多得一察焉以自好. 譬如耳目口鼻, 皆有所明, 不能相通. 猶百家衆技也, 皆有所長, 時有所用. 雖然不該不, 一曲之士也. …… 悲夫, 百家往而不反, 必不合矣. 後世之學者, 不幸不見天地之純, 古人之大體, 道術將爲天下裂.

들은 모두 자신의 직분을 넘어서는 비판적 관점을 가지고 있었으며, 자유로운 지식인이었기 때문이다.

도의 관점에 대한 큰 변화는 공자 시대에 이미 발생했다. 우선 원시 천도 신앙이 동요되기 시작했는데, 기원전 523년 자산(子産)은 다음과 같이 말했다.

> 천도는 멀고 인도는 가까워 사람이 미칠 바가 아니니 어떻게 알 수 있겠는가? 비조(裨竈)가 어찌 천도를 알겠는가? (『좌전』 소공 18년)

비조(裨竈)는 정나라의 고(瞽) 또는 사(史) 직분을 맡았던 인물로서, 그의 업무는 '천도를 파악하는' 것이었다. 인용문에서 자산은 비조가 '천도를 알 수 있다'는 것에 회의적이다. 그뿐만 아니라 그의 "천도는 멀고 인도는 가깝다"는 말은 매우 중요한 것으로, 도의 핵심 대상이 하늘에서 사람으로 전환되었음을 보여준다. 자산은 이미 길흉화복의 원리에 입각하여 천도를 논하는 전통을 넘어섰는데, 이 점은 훗날의 유학자들에게 많은 영향을 미쳤다. 따라서 맹자는 "그 마음을 다하는 자는 본성을 알 수 있고, 그 본성을 아는 자는 하늘을 알게 된다"(『孟子』「盡心」上)고 하였으며, 순자는 "[군자란]

자기에게 달려 있는 것에 힘쓰고, 하늘에 달려 있는 것을 흠모하지 않는다"(『荀子』「天論」)고 하였다. 이는 모두 사람에 대한 이해를 통해서만 천(天)을 알 수 있다는 점을 강조하고 있다. 기원전 494년 범려(範蠡)는 다음과 같이 말했다.

> 천도는 가득 차 있으니 더하여지지 않고, 성대하나 교만하지 않으며, 일하지만 그 공을 뽐내지 않는다. …(중략)… 하늘은 사람으로 말미암고 성인은 하늘로 말미암는다. 사람은 스스로 그것을 낳고 천지는 그것을 형성하고 성인은 이것을 이룬다. (『國語』「越語」下)

이것 역시 천도에 대한 비교적 새로운 이해이며 훗날 도가의 관념과 유사하다.[128] 원시의 천도는 "차면 넘치고"(『左傳』 장공 4년) 또는 "차면 소멸되며"(『左傳』 애공 11년) 길흉화복은 이로부터 유래한다고 여겨졌다. 이러한 전통사상은 공자 시대에도 여전히 큰 세력을 가지고 있었다. '가득 차 있으니 더하여지지 않는다'는 것은 바로 "가득차면 넘친다"거나

128 풍우란, 『중국철학사』, p. 37- 원주.

"가득 차면 소멸된다"는 것의 반대명제라는 것을 쉽게 알 수 있다. 그 밖에 묵자의 천지(天志)는 천을 인격화한 것으로, 길흉화복을 위주로 하는 원시적 천도를 초월한 것이다. 결론적으로 공자 이래 제자백가들은 모두 각자 도 관념을 발전시켰다. 대체로 각 학파의 도는 모두 천도와 인도를 결합한 것으로, 모두 천인합일적 경향을 가지고 있다. 각 학파의 차이는 주로 그 강조점이 각각 다르다는 데 있다. 이를테면 어떤 학파는 인을 강조하였고[유가], 어떤 학파는 천을 강조했다[도가].

하지만 『장자』「천하」, 『순자』「해폐」, 『회남자』「숙진훈(俶眞訓)」에서 말하는 도와 천도는 결코 길흉화복을 주관하는 천도를 말하지 않는다. 사실 "도술이 천하 사람들로 인해 분열되었다"는 말은 고대의 문화 및 사회질서가 전면적으로 해체되었다는 것을 지적하는 것으로, 즉 당시 사람들이 말하는 예악 붕괴 현상을 가리킨다. 춘추 시대 사람들은 예를 천도로 간주하였다. 예를 들어 계문자는 "예로서 하늘을 따르는 것이 하늘의 도이다"(『左傳』 문공 15년)라고 하였다. 자산 역시 "예란 하늘의 경륜(經綸)이며 땅의 마땅함이고 백성들이 나아갈 길이다"고 하였다(『左傳』 소공 25년). 따라서 「천하」 편에서 말한 도의 분열은 예악 붕괴에 대한 철학적 묘사라고 볼 수 있다.

비교 문화사적 관점에서 볼 때, '도술이 천도를 분열했다'는 말은 현대 사회학자, 철학자, 사학자들이 말하는 '철학적 돌파' 또는 '초월적 돌파'에 해당한다. 고대의 몇몇 주요 문화는 모두 이 돌파 단계를 거쳤다. 고대 희랍의 '돌파'는 소크라테스와 플라톤의 고전 철학을 탄생시켰으며, 이스라엘의 '돌파'는 사도 운동을 거쳐 보편적이고 초월적인 신의 관념을 탄생시켰다. 인도의 '돌파'는 업보와 윤회관념을 중심으로 하는 것이었는데 경험 세계를 환영으로 보았다.[129] 역사학자들의 관점에 근거할 때, 역사상의 '돌파'는 종종 '붕괴'와 함께 출현하였다. 원래 존재하던 사회 문화의 질서가 붕괴함에 따라 사상가들은 새로운 돌파구를 찾기 위해 분투하게 된다.[130]

춘추 전국 시대는 붕괴에서 돌파로 향하는 이 역사 과정에 완전히 부합한다. 붕괴란 곧 예악의 붕괴를 말하며, 돌파란 유 · 묵 · 도 세 학파의 흥기를 가리킨다. 이들 학파들이 모두

---

129 Talcott Parsons, *The Intellectual: A Social Role Category, in Phlip Rieff, ed. On Intellectuals*, A Doubleday Anchor Book, 1970, pp. 6–7. - 원주.

130 Erne Wed, *What is a Breakthrough in History?* in Daedalus, spring, 1975, pp. 21–36. - 원주.

예악의 붕괴에 대한 대응으로 시작되었다는 것은 분명한 사실이다. 유가의 대응은 보다 새로운 예악 전통으로 기존 예악에 새로운 정신적 기초를 세우려는 것이었는데, 이것이 바로 공자의 인도(仁道)이다. 예악의 붕괴는 예악이 겉치레의 형식으로 전락하였기 때문에 발생했다. 공자는 다음과 같이 말한다.

> 예라는 것, 예라는 것이 옥과 비단 같은 예물만을 말하는 것이겠느냐! 음악이라는 것, 음악이라는 것이 종과 북 같은 악기만을 말하는 것이겠느냐! (『論語』「陽貨」)

형식화의 폐단을 극복하기 위해 공자는 예악이 반드시 인을 내재적 근거로 삼아야 함을 강조했다. 그는 다음과 같이 말한다.

> 사람이 인하지 않고서 예를 해서 무엇하겠는가? 사람이 인하지 않고서 악은 해서 무엇하겠는가? (『論語』「八佾」)

> 자신을 이겨 예로 돌아가는 것이 인이다.[131] 하루라도 자신

131 원저자의 뜻에 따라 '克己'에 대한 일반적인 해석을 따랐으나, 필자는 이

을 극복하여 예로 돌아가면 천하 사람들은 인으로 귀의할 것이다. 인을 행하는 것이 자기에게 달려 있지 남에게 달려 있겠는가?(『論語』「顔淵」)

예악 붕괴에 대한 묵가의 대응은 유가와는 상반된다. 묵가는 고대 예악 전통의 가치를 부정하여 예악에 대한 유가의 이론에 반대했다. 『묵자』 중 「절장(節葬)」과 「비악(非樂)」 두 편은 묵가의 이런 태도를 가장 잘 반영한다. 『장자』「천하」편에서 묵가가 "고대의 예악을 훼멸시켰다"는 주장은 확실히 근거가 있다. 묵가의 돌파는 종교적 방식을 채택하여 의지적 천 개념을 확립하였는데, 겸애와 비공 모두 '하늘의 뜻[天志]'을 계승한 것이다.

도가의 돌파 역시 기존 예악 전통을 초월하려고 했다. 『노자』는 이렇게 말한다.

도를 잃은 다음에 덕이 나왔고, 덕을 잃은 다음에 인이 나오며, 인을 잃은 다음에 마땅함[義]이 나오고, 마땅함을 잃은

전통적인 해석에 논의가 필요하다고 본다.

다음에 예가 나온다. 예는 충실함과 신실함의 얄음이며, 혼란의 우두머리이다.

도가의 도는 '스스로 그러함[自然]'을 핵심으로 하기 때문에 문화를 부정한다. 예는 문화의 산물이며, 사람이 스스로 그러함의 상태로부터 일탈한 것이 그 시발점이다. 여기에서 인과 마땅함[義]은 유가의 이론을 가리킨다. 인과 의는 비록 고대의 예악을 초월한 것이지만, 도가의 관점에서는 여전히 인위적이며 자연적인 것이 아니다. 따라서 장자의 좌망 역시 먼저 "인의를 잊고", 다음으로 "예악을 잊고", 마지막에는 일체의 지식을 "잊는" 것이다. 잊는다는 것은 다름 아닌 초월로서, 인간은 반드시 문화가 만든 일체의 분별상을 초월해야지만 도와 완전한 합일을 이룰 수 있다(『장자』「대종사」).

서양학자들은 중국 고대의 '초월적 돌파'가 "가장 격렬하지 않거나"[132] "가장 보수적이라고"[133] 주장해 왔다. 이러한 주장은 다른 대문명의 돌파와 비교를 통해 나온 것이다. 문화사에서 '돌파'가 가지는 가장 중요한 의의는 두 가지 세계

---

132 위의 책, p. 7. -원주.

133 Benjamin L. Schwartz, *Transcendence in Ancient China*, in Daedalus, Spring, 1975, p. 60. -원주.

의 출현이라고 말할 수 있다. 즉, 세간과 출세간의 구분이다. 예를 들어 희랍 고전 철학에서는 실재계와 현상계의 구분이 있다. 플라톤의 이데아 설은 이러한 구분이 가능한 철학적 해석을 제시했다. 현상계의 구체 사물들은 모두 실재계의 형상에 대한 불완전한 복제품일 뿐이다. 희랍의 "철학적 돌파" 이후, 이 두 세계의 구분은 분명해졌다. 즉, 출세간은 모든 세간적 가치의 근원이고, 세간을 초월해 있으며 세간에 존재하지 않는다. 이스라엘의 돌파 역시 두 영역의 대조적인 세계를 제시하였다. 즉, 신과 그가 만든 인간 세상이다. 선지자들은 신의 사자이며, 인간 세상에 신의 뜻을 전달한다. 인간 세상은 완전히 신에 의지하여 존재하는 동시에 신의 모든 계획을 실현시키는 도구이다.

인도의 "철학적 돌파"는 대개 『우파니샤드』의 철학 이론과 불교 교의를 대표로 한다. 우리는 무명[無明, avidya]으로 인해 업보를 만들고 업보로 인해 윤회한다. 윤회의 고해를 벗어나기 위해서는 반드시 지혜(jnana 또는 vidya)에 의지해야 한다. 이러한 사상은 『우파니샤드』와 불교에 이르러 체계적인 발전을 이루었다. 인도의 두 가지 세계는 바로 이러한 사상 위에 수립되었다. 현실 세계는 무상한 윤회 세계이며, 단지 부정적인 의미만 있을 뿐이다. 훗날 철학자들은 이 세간이 환영과 같다고 주장했다. 초월세계는 브라만(Brahman)의 세계이다. 브라만은 조물주이며, 영원한 세계를 상징한다. 『우파니샤드』의 중심 관념은 브라만과 아트만(atman)을 통합하여 하나가 되는 것이다. 따라서 해탈을 통해서만 인간은 브라만의 세계에 머물 수 있다. 인도의 출세간적 사상은 여기서 완전히 그 온전한 모습이 드러난다. 현실세계에 대한 금욕적 태도로 말하자면 인도 사상보다 철저한 것은 없다.

중국의 두 가지 세계는 상술한 3대 문화와는 다른데, 현실세계와 초월 세계는 '불즉불리(不卽不離)'의 관계이다. 유가와 도가는 한(漢) 이래 중국 사상의 주류가 되었는데, 이 두 학파를 예로 들어 이를 살펴보도록 하자. 유가는 주류 중의 주류로서, 현실 세계를 가장 긍정하였지만 동시에 현실 세계의 일체 가치가 '초월 세계'로부터 온다는 점을 강조했다. 예를 들어, 만약 도가 유가의 '초월 세계'를 대표하고 일상의 삶이 유가의 현실 세계를 대표한다면, 우리는 다음과 같은 점을 발견할 수 있게 될 것이다. 즉, 이 두 세계는 완전히 합일된 것도 아니며, 완전히 분리된 것도 아니다. 『중용』의 첫 장은 다음과 같이 말한다.

도는 잠깐도 떠날 수 없는 것이니, 떠날 수 있으면 도가 아니다.

주희는 이를 다음과 같이 해석했다.

도는 일용 사물에 마땅히 행해져야 할 이치이니, 모두 본성의 덕으로 마음에 구비되어 있어서, 모든 사물이 가지고 있지 않음이 없으며 때마다 그렇지 않음이 없으니, 이 때문에 잠시라도 떠날 수 없다. 만약 떠날 수 있다고 한다면 이는 외물에 해당되니, 도가 아니다.[134]

『중용』은 또한 다음과 같은 공자의 말을 인용하고 있다.

도는 사람에게서 멀지 않으니, 사람이 도를 행하면서 사람을 멀리한다면 도라고 할 수 없다.[135]

134 주지하듯 사서집주에는 마지막 문장이 "만약 떠날 수 있다면 어찌 솔성이라 말할 수 있겠는가?"로 되어 있다. 저자의 의도를 존중하여 번역한다.
135 13장이다.

이는 모두 '현실 세계가 곧 초월 세계'라는 유가의 태도를 설명해주기에 충분하다.

도가의 관심은 비교적 초월 세계에 편중되어 있지만, 여전히 현실 세계를 떠나지 않는다. 『노자』에서는 도가 "주행(周行)하며 위태롭지 않다"(25장)고 하고, 『장자』 역시 도는 "없는 곳이 없다"(「知北遊」)고 말한다. 따라서 도가의 초월 세계와 현실 세계는 결코 완전히 떨어져있지 않다. 『노자』에는 "그 빛을 화하고 그 먼지와 하나가 된다"(56장)[136]는 구절이 있는데, 하상공은 다음과 같이 풀이했다.

> 어두움에 대해 알고 있어 적을 만들지 않는다. 항상 대중과 함께 그 먼지를 같이 하니 스스로 별나게 굴지 않는다.[137]

136 원문에는 4장이라고 되어 있으나 오타인 듯하다. 문맥상 56장의 "挫其銳, 解其紛, 和其光, 同其塵, 是謂「玄同」"이라고 생각되어 이 구절로 번역한다.

137 원문은 "雖有獨見之明 當知暗昧 不當以擢亂人也. 不當自別殊"이지만, 하상공 주의 원문 "雖有獨見之明 當和之使闇昧 不使曜 亂[人也]. 不當自別殊也"에 맞게 번역한다.

이는 도를 소유한 자는 여전히 세상에 존재하며 세속의 사람들과 한 무리를 이루어 살아간다는 것이다. 『장자』「천하」편에서 장자는 "시비를 따지지 않고 세속에 함께 머문다"고 하였는데, 이 또한 도가가 세속과 단절되지 않는다는 분명한 증거이다. 곽상은 『장자』의 이 부분을 다음과 같이 풀이했다.

> 세상과 함께 있으나 스스로를 잃지 않으니, 비록 세속에 있다 하더라도 미혹됨이 없다. 어찌 놀라울 것이 있겠는가!(『莊子』「天地」)[138]

우리는 도가의 이러한 입장을 '초월 세계에 머물면서 현실 세계를 떠나지 않는다'고 말할 수 있다.

유가와 도가뿐 아니라 중국의 불교, 특히 선종 역시 마찬가지다. 『육조단경(六祖壇經)』은 다음과 같이 말한다.

---

138 독자는 이런 장자의 구절에서 대승불교의 정신을 파악해야 한다.

법이란 세간에 있으니 세간에서 출세간하는 것이지, 세간을 떠나 출세간을 구하지 않는다. (돈황본 제36절)

여기서도 현실 세계와 초월 세계는 여전히 불즉불리적 관계에 있다. 이로써 중국 고대의 "초월적 돌파"는 사실상 다음 이천 여년의 사상 전통을 결정했으며, 중국 지식인의 기본적 성격을 결정했다고 볼 수 있다. 공자의 "선비는 도에 뜻을 둔다"라는 말은 선진시대 유가 지식인에게 적용될 뿐 아니라 후대 각 학파의 지식인들에게도 적용될 수 있다. 중국의 도는 처음부터 이러한 특색을 가지고 있었다. 우리는 이 특색을 "내향 초월"이라고 부를 수 있다. 중국의 지식인은 대체로 "내향 초월"을 지향하는 특징을 가지고 있다.

3) 내향 초월과 세계를 변화시킴

마르크스는 "철학자는 지금까지 줄곧 서로 다른 방식으로 세계를 해석하기만 했다. 하지만 철학자가 해야 할 일은 세상을 변화시키는 것이다"라고 하였다. 여기에서 마르크스는 서구 지식인의 두 가지 유형을 제시했다. "세계를 해석하는" 철학가는 서구 고대와 중세의 지식인을 말하며, "세상을 변화시키는" 철학가는 근대와 현대의 지식인을 말한다. 고대 희랍의 철학적 돌파는 외재적 초월을 지향하는 것으로, 현실 너머에 있는 현실 밖의 존재를 지향하는 초월이다. 따라서 철학가들의 주된 관심은 영원불변의 초월적 본체 또는 진리 세계에 있다. 그들은 사변적 이성으로 초월 세계에 대해 사색하였으나, 변화유행(變化流行)하는 현실세계에 대해서는 그다지 신경쓰지 않았다. 소크라테스가 정치문제에 휩쓸려 사형에 처해진 이후 고대 희랍의 철학가들은 더욱 정치에 참여하려 하지 않았다.[139] 플라톤 이후 서구 문화사에서는 사색적 삶과 실천적 삶의 구분이 출현했다. 철학가들이 세계를 해석하는 것은 곧 사색의 결과이다. 고중세의 스콜라 철학가들은 여전히 사색적 삶을 지속했다. 다른 한편 서구 고중세 기독교의 교회는 세계를 변화시키는 임무를 담당하였는데, 그 이유는 기독교가 신의 의지를 근거로 세상을 구원하려했기 때문이다. 유럽 고중세의 교회들은 야만인들을 교화시켰으며, 군주의 집권을 제한하였고, 학술과 교육을 발전시켰다. 이러한 것은 모두 세계를 변화시키는 일이자 실천적 삶

139 Hannah Arendt, *The Human Condition*, Chicago, 1938, pp. 7-22 and *Between Past and Future*, Penguin Books, 1977, pp. 71-72. -원주.

에 해당된다. 서구 근현대의 지식인들은 계몽운동 이후 대거 출현하였는데, 이는 서구문화의 세속화가 가져온 결과였다. 18세기 이후 서구 지식인들은 행동과 실천을 중시하는 쪽으로 전환하였다. 서구 근대사의 혁명은 지식인들의 참여와 활동으로 이루어졌다.

서구의 상황과 비교해볼 때, 우리는 보다 더 분명하게 중국 지식인의 특징을 찾아볼 수 있다. 이러한 특징은 모두 도의 내향적 초월성과 관계를 가진다. 첫째, 중국 지식인은 처음부터 초월 세계의 정신으로 현실 세계의 일에 관심을 쏟아왔다. 바꾸어 말해, 그들은 도를 가지고 세상을 변화시키고자 했다. 청초 고염무는 다음과 같이 말했다.

> 군자에게 학문함이란 도를 밝힘으로써 세상을 구제하는 것이다. (『亭林文集』 卷4 「與人書」 25)

이옹(李顒)은 「고녕인선생에게 답한다」는 글에서 다음과 같이 말한다.

> 도를 밝히고 마음을 정돈하는 것을 체(体)로 여기고 세상을 경영하고 사물을 주재하는 것을 작용[用]으로 여기면, 이

체는 참된 체요, 작용은 실제적인 작용이다. (『二曲集』 卷16 「書牘」 上)

세상을 구제하는 것과 세상을 경영하는 것은 모두 세상을 변화시키는 일이다. 이러한 정신은 선진으로부터 청대에 이르기까지 중국 지식인의 전통을 관통하고 있다.

소위 세상을 구제하고 세상을 경영하는 것에는 적극적 방식과 소극적 방식 두 가지가 있다. 적극적 방식은 관리가 되는 것인데, 관리가 되는 것은 반드시 도의 실현 여부에 의거한다. 그렇기 때문에 공자는 "천하에 도가 있으면 벼슬하고 도가 없으면 은거한다"고 하였다(『論語』 「泰伯」). 순자 역시 "도를 따르지 군주를 따르지 않는다"고 강조했다(『荀子』 「臣道」 및 『荀子』 「子道」). 이러한 원칙은 비록 실천에 있어 여러 어려움이 있을지라도 적어도 이론적으로는 후대 유가 지식인들이 공통적으로 받아들였던 점이다. 송대 유학이 부흥하던 시기 범중엄, 왕안석, 정이 등과 같은 인물들은 모두 '천하 교화를 자신의 임무로 여기'는 문제의식을 가지고 있었다. 그들은 비록 직위를 가지고 있었지만, 여전히 지식인의 입장, 즉 도로써 세상을 변화시키려는 태도를 고수했다. 왕안석은 재상의 자리에 올랐는데, 그의 도는 유가적인 면을 가지고 있었을 뿐 아니라 불교적인 면도 가지고 있었다. 설봉(雪峰) 선사는 "노자는 중생들을 위해 무엇을 하였는가?"라고 말한 적이 있는데, 왕안석은 이 말에 감동을 받아 재상의 직위에 오르기로 결심하였다고 한다(惠洪 『冷齋夜話』 卷10).

세상을 변화시키는 소극적 방식은 도가 사라진 사회에 비판을 가하는 것이다. 이것 역시 고대 초월적 돌파에서 기인하는 보편적 현상이다. 초월 세계의 출현은 사람들로 하여금 최고의 이상, 즉 도에 근거하여 현실 세계의 옳고 그름을 비판하게 했다. 사회비판은 바로 여기에서 성립된다. 따라서 이스라엘의 선지자 아모스(Amos)와 아테네 철학자 소크라테스는 신의 이름으로 당시 사회의 각종 무도한 행위를 비판했다.[140] 중국은 춘추 전국 시대를 시작으로 사회비판 현상이 대거 출현하였는데, 맹자가 말한 "처사들이 논의하는" 상황이 그것이다(『孟子』 「藤文公下」). 공자는 일찍이 다음과 같이 말했다.

140 Michael Walzer, *The Company of Critics*, Basic Books, 1988, pp. 4-5. -원주.

천하에 도가 있으면 서인들이 논의하지 않는다. (『論語』「李氏」)

이는 공자 역시 천하에 도가 없으면 의론은 피할 수 없다고 여겼다는 의미가 된다. 유가의 지식인들은 공자로부터 명대 태주학파와 청대 황종희, 대진에 이르기까지 모두 '도를 밝혔던[明道]' 동시에 사회 비판자로서의 역할을 담당해왔다. 사마천은 동중서의 말을 인용하여 다음과 같이 말한다.

공자의 말이 쓰이지 못하고 도가 행해지지 않으니, 옳고 그름의 242년 중에서 천하의 의표(儀表)가 된 것은 천자가 패하고 제후가 후퇴하며 대부가 토벌하여 왕의 일을 넘보게 된 일이다.

사마천은 또한 다음과 같이 말한다.

『춘추』는 위로는 삼왕의 도를 밝히고 아래로는 인사의 기강을 정하였다. 의심스러운 것을 분별하였으며 시비를 밝혔고 유예된 것을 확정했다. 선을 좋아하고 악을 싫어했으며, 현명한 자를 존중하고 못난 사람을 천시했다. 망국(亡國)의 이름을 보존하고 단절된 세대를 계승했으며, 잘못된 전통은 고치고 사라진 좋은 전통은 복원시켰으니, 이것이 왕도의 위대함이다. (『史記』「太史公自序」)

『춘추』가 공자의 저작인지의 여부에 대해서는 오늘날 단정할 수 없다. 하지만 위의 태사공의 언급에서 우리는 한대 지식인들이 공자를 가장 위대한 문화사회 비평가로 보고 있다는 사실과 『춘추』를 중국 최초의 체계적 문화사회 비판서로 여기고 있다는 점을 알 수 있다. 동시에 이 사실은 한대 지식인들이 고도의 사회 비판 의식을 가지고 있었음을 설명해 준다. 이러한 비판은 진지하고 철저한 것으로, 심지어 '천자를 폄하하는' 정도에 다다랐다. 이러한 역사적 배경 아래 한대에는 새롭게 사에 대한 정의가 출현하게 된다. 유향은 『설원(說苑)』에서 다음과 같이 말한다.

시비를 논변하여[辨然否] 고금의 도에 통하는 자를 사(士)라 한다(卷 19「修文」)

"辨然否"란 시비를 밝히는 것으로, 시비 판단의 근거는 도에 있다. 이는 중국 지식인이 문화 가치의 보호자라는 점을 설명해 준다.

도가의 지식인들은 보다 철저하고 열렬한 문화사회 비판가들이었다. 한말부터 위진 시대에 이르는 유명한 비판들을 예로 들어보자. 한말에 이름을 알 수 없는 한음(漢陰)의 노인은 다음과 같은 첨예한 정치 문제를 제기했다.

> 천하가 혼란할 때 천자를 세워야하는가? 잘 다스려질 때 천자를 세워야하는가? 천자를 세워 천하를 섬겨야 하는가? 천하를 부려 천자를 봉양해야 하는가? (『後漢書』 卷113 『漢陰老父傳』)

이 구절은 황제 제도에 대한 근본적 회의를 표현한다. 이러한 회의는 점점 심화되었으며, 위진시대에 이르러 무군론(無君論)을 출현시켰다. 완적(阮籍)은 "군주가 없으면 만물이 정해지고, 신하가 없으면 만사가 다스려진다"고 하였다. (『阮籍傳』 「大人先生傳」) 포경언(鮑敬言)은 더 나아가 "옛날에는 군주가 없었는데 지금보다 더 나았다"고 한다. (『抱朴子』 「詰鮑」) 이는 매우 철저한 무정부주의적 사상이다. 군신관계가 부정되었을 뿐 아니라 부자관계 역시 공격을 받았다.

공융(孔融)과 녜형(禰衡)의 다음과 같은 대화문이 있다.

> 아버지가 자식에 대해 마땅히 어떻게 친애해야 하는가? 그 본의를 논하자면 사실 정욕에서 발한 것일 뿐이다. 자식이 어머니에게 보답하는 것은 또 왜 그런가? 비유하자면 몸에 기생하는 것과 같아 출산하면 곧 떠나게 된다. (『後漢書』 卷100 「孔融傳」)

위의 대화가 공융과 녜형 사이에 실제로 발생했을 필요는 없다. 분명한 것은 당시에 누군가가 비슷한 의견을 제기했다는 점이다. 위진 이후 신도가(新道家)는 자연(自然)으로 명교(名教)를 전면적으로 공격하였는데, 바로 이러한 기초 위에 위 논의가 전개된 것이다. 유가의 명교(또는 禮教)는 한말에 이미 허위(虛僞)가 되었고, "청렴한 효자를 등용했더니 아버지를 내쫓는다"(『抱朴子』「審擧」)는 말이 있을 정도였다. 따라서 도가 지식인의 사회비판은 점점 격렬해져 마침내 유가가 수호하는 기본적 가치인 충과 효마저도 거부하였던 것이다. 도가 지식인의 사회비판이 후대에 미친 영향은 매우 커서 일종의 반전통의 전통을 형성하였다. 명대 태주학파, 청말 장병린(章炳麟), 유사배(劉師培) 그리고 5 · 4운동에 이르기까지 모두 이러한 전통과 그 사상적 연원을 같이 한다.

중국 지식인의 비판 전통은 또 다른 특징을 가지고 있는데, 즉 제도화를 통해 정치 질서를 만들어가고자 하였다는 점이다. 전국 중기 이후(기원전 4세기 중엽) 제나라는 직하학궁을 건립하여 당시 각 학파들의 저명 지식인들을 우대하였는데, 이를 "직하(稷下) 선생"이라고 부른다. 『장자』「천하」와 『순자』「비십이자」 편에서 열거된 사상계의 영수 중 많은 사람들이 '직하선생'에 해당된다. 그 밖에 연소왕 역시 갈석궁을 지어 추연을 스승으로 예우하였다(『史記』「孟子荀卿列傳」). '직하선생'의 가장 큰 특징은 "정치하지 않고 논의하는 것"(『史記』「田敬仲完世家」) 또는 "직위를 맡지 않고 국사(國事)를 논하는 것"(『鹽鐵論』「論儒」)이었다. 다시 말해 그들은 관료 체제에 속해있지 않았지만, 그들의 전업은 정치 비판이었다. 따라서 그들은 여전히 자유로운 지식인[遊士]의 신분을 유지하고 있었다. 훗날 진(秦)대에 설립된 박사 직책 역시 '고금에 통달하고 문답을 담당하는 것'으로 '정치하지 않지만 논의하는 것'과 대체로 같다. 박사제도는 직하선생에서 전환된 것으로 볼 수 있다. 따라서 한대에는 여전히 박사를 "직하생"으로 불렀다.[141] 하지만 박사는 관리였고, 직하선생은 군주의 스승 또는 친구였기 때문에, 그 지위는 크게 내려간 것이다. 진시황 24년(기원전 213년) 박사는 '과거에 근거하여 오늘을 비판해서' 봉건제도 폐지에 반대하는 정치 풍조를 야기하였고, 마침내 분서 사건을 점화시켰다. 하지만 박사가 정치를 논하던 진대의 분위기에서 우리는 전국시대 직하선생들이 정치 비판이라는 큰 자유를 누렸다는 것을 추측해 볼 수 있다.

중국의 전통 정치 제도에는 또한 어사(御史)와 간관(諫官)이 있는데, 이들 역시 제도화된 정치 비판가들이다. 어사는 백관을 감찰하고 간관은 황제를 바로잡는 역할을 하였는데, 이 둘 모두 소위 언관(言官)에 속한다. 간관의 진한대 정식 명칭은 '간의대부(諫議大夫)'로서, 이름을 보고 그 뜻을 짐작할 수 있다. 여기서 '議'자는 비판한다는 뜻이다. 통일 중국 이후의 정치 질서 안에서 비판은 이처럼 합법화된 지위를 얻게 되었음을 알 수 있다. 중앙정부는 물론이고, 진한(秦漢)대의 지방정부에는 '의조(儀曹)'가 설치되어 있어 수령에게 다양한 의견을 제공했다. 왜 진한의 정치제도에는 이와 같이 많은 비평[議]을 담당하는 직위가 포함되어 있었을까? 우리는 이것이 전국 시대 자유 지식인에게 있었던 의론[議]의 전

141 錢穆, 『兩漢經學今古文評議』, pp. 165-166, 홍콩, 1988. -원주.

통, 특별히 직하선생의 이른바 '정치에 참여하지는 않지만 논의하는' 전통과 관련이 있다는 것을 알 수 있다. 예를 들어 동진 초년에 임연은 회계도위(會稽都尉)를 위해 동자의(董子儀), 엄자릉(嚴子陵) 등의 인사들을 초빙하여, 그들을 사우(師友)의 예로 대우했으며, 은사인 용구장(龍丘萇)을 의조제주(儀曹祭酒)로 발탁했다(『後漢書』「循吏任延傳」). 이는 확실히 구체적이고 세부적인 직하제도이다. 순자는 직하에서 세 번이나 제주(祭酒)를[142] 지내지 않았던가? 임연의 의조(儀曹)가 직하를 모방했다는 것은 매우 분명하다. 간의(諫議)제도는 중국에서 지식인들이 담당하는 관직이 된 이후에 합법적인 언로(言路)를 열어, 지식인들로 하여금 조정을 거침없이 비평할 수 있도록 했다. 언관의 치열한 비평은 종종

142 순자는 15세경에 천하의 유명한 학자들이 모여 있는 제나라의 직하학궁으로 유학을 갔다. 20살 무렵 그가 연왕 쾌를 만났다는 기록이 있는 것을 보면, 이미 약관의 나이에 정치적 활동을 했다는 것을 알 수 있다. 그는 제나라 민왕이 자신의 의견을 수용하지 않자 초나라로 떠났다가, 기원전 279년 연나라로부터 영토를 수복한 제나라가 직하학궁을 다시 건립하자, 이에 참여하였다. 그 후 그는 직하학궁의 제주(祭酒)를 세 번이나 역임하였는데, 직하학궁의 제주는 직하학궁에 모인 저명한 학자들의 좌장으로서 순자가 세 번이나 이를 역임하였다는 것은 그 정도로 그의 학식이 월등했다는 것을 의미한다.

그들을 좌천되게 하거나 심지어 죽음을 당하는 운명으로 내몰기도 했다. 한유는 『논불골표(論佛骨表)』에서 당 헌종의 심기를 크게 건드려 처음에는 죽음을 당할 뻔했으나, 결국에는 조주(潮州)의 자사(刺史)로 좌천되었다.[143] 한유는 시에서 다음과 같이 말한다.

143 기록에 의하면 재상(宰相)인 배도(裵度)와 최군(崔群) 등이 "관용을 베풀어 언로(言路)를 열어" 줄 것을 청해 한유는 극형을 면했다. 당시 형부 시랑(刑部侍郎)인 한유(韓愈)는 표(表)를 올려 불교를 숭상하는 헌종에게 다음처럼 간했다. "불교는 오랑캐의 한 교리일 뿐입니다. 황제(黃帝)로부터 우(禹)·탕(湯)·문무(文武)에 이르기까지 모두 그 수(壽)를 향유(享有)하였고, 백성들은 편안했는데, 그때는 불교가 중국에 있지도 않았습니다. 한나라 명제(明帝) 시기에 처음으로 불교가 들어왔는데, 그 후부터 왕조가 혼란하고 망함이 계속 되어 왕조의 운과 복됨이 장구하지 못하였습니다. 송(宋)·제(齊)·양(梁)·진(陳)·원(元)·위(魏) 이후에는 불교 신앙이 세간에서 점점 건실해졌는데, 오히려 왕조의 역사는 더욱 단축되었습니다. 오직 양무제(梁武帝)만이 48년간 보위에 있으면서 전후 세 차례나 몸을 부처에게 희사(喜捨)하려 하였으나, 마침내는 후경(侯景)의 핍박으로 대성(臺城)에서 굶어 죽었습니다. 부처를 섬겨 복을 구하다가 도리어 화를 당했으니, 이로써 보면 부처는 믿기에 부족하다는 것을 알 수 있습니다. 부처는 원래 오랑캐로서, 중국어로는 대화가 통하지도 않고, 그 의복 제도도 다르며 군신(君臣)·부자(父子) 간의 정서에 대해서도 알지 못합니다. 설령 그가 아직 살아 있어 수도에 와 폐하께서 만난다 하더라도 선정전(宣政殿)에서 일견해 손님의 예로 한 번 대접해서 옷이나 한 벌 하사하고, 호위해 내보내야 하며, 사람들을 미혹(迷惑)하게 해서는 안 됩니다. 하물며 그가 졸(卒)한지 이미 오래되었으니, 말라빠진

한 번 군주를 뵈옵고 저녁 때에 조주로 좌천되어 팔 천리 먼 길을 떠나네.

(『昌黎先生集』「左遷至藍關示侄孫湘」 卷10)

하지만 훗날 지식인들은 이런 이유로 한유를 더욱 존경했다. 소식은 『한문공묘비(韓文公廟碑)』를 찬술하면서 특별히 한유를 추대하여 "그의 도가 세상의 미혹됨을 구제했다"고 하였으며, 또한 "힘으로 천하를 얻을 수 있지만, 백성들의 마음을 얻을 수는 없으니, 선생의 진실하고 성실함이 형산(衡山)의 구름을 열었으나 헌종의 미혹됨을 돌이킬 수는 없었다"고 하였다(『經進東坡文集事略』 卷55). 그 의미를 말하자면, 한유와 같은 지식인들은 도에 근거하여 정치를 비판하지만, 헌종과 같은 제왕은 오직 힘에만 의지하여 천하를 차지하고 있다는 내용이다. 이를 통해 우리는 다음과 같은 점들을 알 수 있다. 즉 제왕이 도를 가지고 있지 않다면, 단지 현실세계의 힘을 대표할 수 있을 뿐이다. 한편 지식인이 도

유골을 궁중에 들어오지 못하게 하는 게 합당하지 않겠습니까? 바라건대 유사(有司)에게 분부하셔서 이를 물에나 불에 던져 버려 화(禍)의 근본을 영원히 없애 버리소서."

를 밝혀 세상을 구제하는 원리를 고수할 수 있다면, 비록 제왕이 존재하고 있다고 하더라도 그들은 여전히 초월 세계의 이상을 대표할 수 있다. 이 점은 유가 지식인들의 '현실 세계에 몸담고 있지만 현실 세계를 넘어서 있는 [卽世間而超世間]' 특징을 잘 설명해 준다. 현실세계와 초월세계가 충돌을 일으킬 때, 제왕의 징벌은 오히려 지식인들에게 영광이 되고, 징벌이 무거울수록 그 영광은 더욱 커지게 된다. 범중엄은 세 번이나 간언으로 인해 좌천되었지만, 당시 지식인들은 그를 점점 더 존경했다. 처음에 그의 동료는 그를 배웅하면서 "이 길이 매우 영광이다"라고 하였고, 두 번째에는 "이 길이 더욱 영광이다"라고 하였으며, 세 번째에는 "이 길이 더 더욱 영광이다"라고 하였다. 그래서 그는 마지막으로 웃으면서 "중엄에게는 세 번의 영광이 있구나"라고 한 것이다. (『續湘山野錄』) 범중엄이 세 번째로 좌천되었을 때, 매성유(梅聖俞)는 「영조부(靈鳥賦)」를 지어 그를 위로했으며, 그 역시 부를 지어 회답했다. 그의 「답영조부(答靈鳥賦)」에는 다음과 같은 두 구절의 명언이 있다.

담담하게 이름을 내고 죽고, 침묵하지 않으면서 살아간다.

(『范文正公集』 卷1)

전통 중국 지식인들은 간언이 자신들의 천직이라고 여겼다. 현대 중국 지식인은 이 두 구절로부터 언론 자유라는 계시를 얻었다.[144] 제도화되고 합법화된 정치 비판은 '내향 초월'의 문화적 특징으로서, 많은 지식인들로 하여금 벼슬에 나가서도 여전히 '도를 밝혀 세상을 구제할 수 있도록' 했다.

서양의 외재 초월과 대조할 때, 중국 지식인의 독특한 정신은 보다 분명해진다. 앞에서 고대 희랍의 관조하는 삶과 행동하는 삶의 구분을 언급하였는데, 이 때문에 서양 고대 철학가들은 종종 세상사를 궁구(窮究)하기보다 세상사 밖의 일에 관심을 가졌다. 기독교의 원시 교의 역시 외재 초월적 형태에 속하기 때문에 "가이사의 일은 가이사에게, 신의 일은 신에게"[145]라는 말이 생겨난 것이다. 성 어거스틴에 이르러 신의 왕국과 세속의 왕국의 이원적 사상은 보다 체계적인

144 胡頌平, 『胡適之先生年譜長篇初稿』, pp. 2237-2441, 대만, 聯經出版事業公司. -원주.

145 마태복음 22장 15~22절의 구절로 율법주의자들이 예수를 함정에 빠뜨리기 위해 물었던 질문이다. 여기서 가이사는 카이사르(Caesar)로 이는 당시 로마 황제의 칭호이다. "가이사에게 세금을 바치는 것이 옳습니까, 그릅니까? 예수가 말했다. 세금 낼 은화에 뉘 얼굴 뉘 이름이 새겨져 있느냐? 답하길 가이사입니다. 예수가 가르쳤다. 가이사의 것은 가이사에게, 하나님의 것은 하나님께 바쳐라."

발전을 이루었으며, 심지어 종교개혁의 시대에 이르러 마틴 루터는 개신교의 성도들에게 다음과 같이 말했다. "당신들은 천국을 가지고 있으므로, 지상의 왕국은 그것을 소유하고자 하는 사람들에게 맡겨라."[146] 서양 고전 철학과 기독교는 모두 초월 세계와 현실 세계를 두 영역으로 확실히 구분했다. 서양 지식인들은 지금에 이르기까지 이러한 편견을 가지고 있어 지식인의 본분이 영원한 가치를 수호하는 것에 있다고 여기기 때문에, 현실 세계의 활동, 특히 정치 활동에 참여하기를 꺼린다. 프랑스 철학가 쥘리앙 방다(Julian Benda)의 『지식인의 배반』(1927)[147]은 이러한 관점을 대표하는 저작이다. 그는 서양 지식인들이 줄곧 예수의 신념, 즉 "나의 왕국은 여기에 속해 있지 않다"는 가르침을 지켰지만, 19세기 말부터 서양 지식인들은 그들의 사명을 버리고 사상의 세계로부터 타락하여 행동의 세계에 진입하였다고 주장했다.[148] 이

146 Michael Walzer, *The Company of Critics*, p. 31.

147 쥘리앙 방다(1867~1956)는 프랑스 작가이자 평론가이다. 그는 『지식인의 배반』에서 20세기 초 많은 역사적 사건들이 지식인들에게 선택을 강요했고, 매번 수많은 지식인들이 '배반'의 길을 택했다고 고발한다. 예를 들어 유명한 '드레퓌스 사건' 당시 영향력 있는 지식인들이 보였던 태도는 참된 지식인의 분노를 샀다.

책에 얼마큼의 오류가 있는지를 불문하더라도, 그가 지적한 서양 지식인의 사상적 경향은 부정할 수 없는 역사적 사실이며,[149] 외재 초월의 기본 정신을 대표한다. 내향 초월의 중국 사상 체계에서 초월 세계와 현실 세계는 결코 분리될 수 없다. 육구연의 언급을 빌려보면, "도 밖에 사물이 없고, 사물 밖에 도가 없다"(『象山先生全集』 卷 34)와 유사하게 주희는 지행상수(知行相須)를 강조하였으며, 왕양명은 지행합일(知行合一)을 주장했다.[150]

결론적으로 중국 지식인의 주요 경향은 '즉지즉행(卽知卽行)', '즉정즉동(卽靜卽動)'이라 할 수 있다. 만약 관조만 있고 행동이 없다면, 이것은 중국 지식인의 관점에서 볼 때 일종의 '배반'이다. 따라서 명말 고헌성(顧憲成)은 양명학의 말류에 나타난 "한가하게 삼삼오오 모여 성명(性命)을 논하고 덕의를 연마하며 세상일에 관심이 없는"(黃宗羲, 『明儒學

148 Julian Benda, *The Treason of the Intellectuals*, New York, 1969.

149 H. Stnart, *Consciousness and Society*, New York, 1969. -원주.

150 일반적으로 양명은 지행합일(知行合一)을 주희는 선지후행(先知後行)을 주장했다고 생각하지만, 이는 주자학과 양명학을 간단히 대조시켜 이해하고자 하는 임의적인 견해 일 뿐이다. 주희는 주로 도덕 영역에서 지행병진(知行並進)을, 사실 탐구 영역에서 선지후행을 강조하였다.

案』 卷 58) 현상을 호되게 비판했다. 고윤성(顧允成) 역시 "나는 오늘날 강학자들이 하늘이 무너지고 땅이 꺼져도 아무런 관심 없이 강학에만 몰두하는 것을 개탄한다"고 하였다(『明儒學案』 卷 60). 외재 초월과 내향 초월에 대한 대조는 이런 부분에서 매우 첨예하게 드러난다.

4) 수신(修身)과 정심(正心)으로 도달하는 도(道)

내향 초월은 중국 지식인들에게 개인의 정신적 수양을 강조하는 매우 특이한 현상을 초래하였다. 이는 당연히 모든 또는 다수의 중국 지식인들이 정신 수양에서 모두 참된 성과를 가지고 있음을 말하는 것은 아니며, 또한 중국 지식인의 평균 정신 수준이 다른 민족의 지식인들보다 높다는 것을 말하는 것도 아니다. 우리가 주의를 기울여야 하는 것은 다음과 같은 문제이다. 중국문화는 왜 지식인들에게 정신 수양의 필요성을 특별히 강조하였는가? 공자가 그러한 필요성을 제기한 이래 오늘날까지 여전히 사라지지 않고 있는 이유가 무엇인가?

우선 지적할 것은 중국 고대의 '초월적 돌파' 이후 '수신' 또는 '수기'는 유가 · 묵가 · 도가가 공통적으로 강조한 개념이라는 사실이다. 다음 인용문이 이를 잘 보여준다.

> 자로가 군자에 대해 묻자, 선생께서 "경으로써 자기를 닦는다"고 대답하셨다.[151] (『論語』「憲問」)

> 세상의 군자들이 옳음[義]의 실현을 바라고, 이로써 자신의 몸을 닦는다면 [세상의 일에] 분노하게 될 것이다. (『墨子』「貴義」)

> 몸을 닦으면 그 덕이 참되게 된다. (『老子』 54장)

그 밖에 『관자』에도 원래 「수신」 편이 있었으나 이미 유실되었다. 왜 모든 학파들은 '수신'의 문제를 논의하였을까?

나는 이 문제가 고대의 '예' 전통과 관련이 있다고 생각한다. '수신'은 본래 몸의 겉치레, 예를 들면 의(衣), 복(服), 관(冠), 리(履) 등을 가리켰다. 이것은 고대인들이 예를 행할 때

151 경(敬)은 이미 상서와 시경에서 도덕적 의미를 갖고 있었다. 유가 사상에서 널리 알려진 '경으로써 안을 곧게 한다[敬以直內]'는 구절은 곤괘 문언전의 구절이다.

매우 중시했던 부분이다. 현존하는 『의례』에는 「사관례(士冠禮)」, 「사상견예(士相見禮)」 등의 편이 수록되어 있는데, 모두 사의 겉치레에 대한 상세한 규정들이다.

위에서 고대 중국인의 '돌파'는 예악 붕괴에서 시작되었다고 지적하였다. '돌파' 이후 각 학파의 사상가들은 모두 예에 대한 전통적 이해를 수정하였고, 그 결과 원래 몸의 장식을 논하던 '예'는 정신 수양의 관념으로 변화했다. 앞에서 인용한 공자 · 묵자 · 노자의 말은 모두 정신적 경지 즉, '경', '의', '덕'을 가리키고 있다. 이뿐 아니라 공자의 '경으로써 자신을 닦음'과 묵자의 '그 몸을 닦음'이라는 것은 모두 동일하게 군자를 그 대상으로 한다. 공자와 묵자 시대의 군자는 사(士)가 그 주체였다. 물론 이것이 사 이외의 사람들은 수양이 불필요하다고 말하는 것은 아니다. 순자는 "관리에서 서인에 이르기까지 모두 수신한 다음에 바르게 될 수 있다"(『荀子』「君道」)고 하였으며, 『대학』에서는 "천자로부터 서인에 이르기까지 모두 수신을 근본으로 해야 한다"(제1장)고 하였다. 선진 제자백가들이 정신 수양을 강조하고, 특히 지식인이 그 대상이었다는 점은 전혀 이상할 것이 없다.

왜 지식인들에게 특별히 수신이 요구될까? 이 문제는 도와 밀접한 관계가 있다. 맹자는 다음과 같이 말했다.

[그러므로] 선비는 궁색한 처지에 있어도 옳음을 잃지 않고, 영달하여도 도에서 벗어나지 않는다. …(중략)… 옛 사람은 뜻을 얻으면 은혜가 백성에게 미쳤고 뜻을 얻지 못하면 몸을 닦아 세상에 보이니, 궁색하면 자기 몸을 홀로 선하게 했고, 영달하면 천하를 함께 선하게 했다. (『孟子』「盡心」上)

맹자는 또 다른 곳에서 "뜻을 얻으면 백성과 함께 나아가고 뜻을 얻지 못하면 홀로 그 도를 실행한다"고 하였다. 종합해 볼 때, 수신은 곧 '도를 행하는[行道]' 것이다. 따라서 훗날 『중용』에서는 "도로써 몸을 닦고", "몸을 닦으면 도가 세워진다"고 했다. 맹자가 말하는 수신은 반드시 지언양기(知言養氣) 장에서 (「公孫丑」上) 논한 "부동심"과 "호연지기를 기름"이라는 두 부분을 통해 이해하여야 한다. 호연지기는 옳음[義]과 도가 결합하여 함께 하기 때문에, 사람은 "기를 기름"으로써 직접적으로 초월적인 도로 나아갈 수 있으며, 도를 얻어야지만 비로소 부동심의 경지에 다다를 수 있게 된다. 수신은 기와 마음을 떠나지 않는데, 이 점은 순자의 사상에서도 역시 확인 가능하다. 순자는 「수신」 편에서 "기를 다스리고 마음을 기르는 것"의 중요성을 재차 강조했다.

기를 다스리고 마음을 기르는 방법에 예를 따르는 것보다 지름길이 없고, 스승을 얻는 것보다 요긴한 것이 없으며, 좋아하는 것을 꾸준히 하는 것보다 신통한 것이 없다. 이것이 기를 다스리고 마음을 기르는 방법이다.

순자의 수신 방법은 비록 맹자와는 다르지만, 기와 마음이 관건이라는 점에서 일치한다. 『관자』「내업」에는 다음과 같이 기록되어 있다.

마음이 고요하고 기가 조리를 찾으면 도는 곧 이루며, 마음이 닦이고 뜻이 고요해지면 도를 곧 얻을 수 있다.

이처럼 기를 다스리고 마음을 기름으로써 도를 얻을 수 있다는 것은 선진의 제 학파들이 공통적으로 수용한 이론이다.

우리는 여기에서 내향 초월의 구체적 방법을 찾아볼 수 있다. '돌파' 이전의 천도는 길흉화복을 위주로 하였으며, 이것은 고대인들이 하늘에 제(帝)나 상제(上帝)가 있어 사람의 운명을 주재한다고 믿었기 때문이다. '돌파' 이후에 도의 중심은 인간 쪽으로 전환되었으나, 하늘에 속하는 영역이 이로 인해 단절되지는 않았다. 동중서가 말한 "도의 큰 근원은 하늘에서 나온다"(『漢書』)는 말이 이를 보여주는 대표적 말이다. 전국 이래 각 학파의 지식인들은 천에 대해 대체로 긍정하는 편이었으나, 체계적인 해석을 진행하지는 않았다. 장자는 "천지 사방이외에 대해 성인은 그 존재를 부정하지는 않지만, 논하지는 않는다"[152](『莊子』「齊物論」)고 하였고, 순자 역시 "오직 성인만이 하늘에 대해 알고자 하지 않는다"(『荀子』「天論」)고 하였다. 비록 천에 대한 선진의 제 학파들의 이해가 서로 달랐지만, 그들은 도를 구함에 있어 천으로 직접 향하지 않았고, 마음으로부터 시작했다. 맹자는 다음과 같이 말한다.

> 그 마음을 온전히 실현하는 자는 본성을 알 수 있고, 본성을 알면 하늘을 알 수 있다. 그 마음을 보존하고 본성을 기르면 하늘을 섬길 수 있다(『孟子』「盡心」上)

이는 분명 초월적 천을 인간의 마음으로 귀결시킨 것이다. 따라서 천을 아는 것이란 외부나 위를 지향해 천을 인식해 나가는 것이 아니라, 안을 지향해 자신의 마음을 온전히 실

152 "六合之外, 聖人存而不論"

현하는 것이다. 순자는 다음과 같이 말한다.

사람은 어떻게 도를 알 수 있는가? 마음에 의한다. 마음은 어떻게 아는가? 마음은 비어[虛]있고, 전일[壹]하며, 고요[靜]하기 때문이다. (『荀子』「解蔽」)[153]

마음은 반드시 비고, 전일하며 고요한 상태에 처해야만 도를 알 수 있게 된다. 이런 생각은 도가의 영향을 받은 것이 분명하다. 그 중 '허'자가 더 중요한데, 장자는 다음과 같이 말한다.

도는 오직 허함에 모인다. 허란 심재(心齋)이다. (『莊子』「人間世」)

이에 대한 성현영의 주소는 다음과 같다.

이렇듯 참된 도는 빈 마음에 모아진다.

153 순자에 의하면 비어[虛]있고, 전일[壹]하며, 고요[靜]함을 얻은 것을 '大淸明'이라고 한다. 순자의 마음은 바로 이 '大淸明心'이고, 그 특징은 대상을 이해하고 파악하는 '지적인 것[認知心]'이다.

이는 마음이 반드시 비워진 상태 다음에야 도가 비로소 그 가운데 모일 수 있음을 말한다. 『한비자』「양권(揚權)」편에서는 다음과 같이 말한다.

> 따라서 좋음을 없애고 싫어함을 없애, 빈 마음을 도의 집[道舍]으로 삼는다.

송나라 주석에는 다음과 같은 해석이 있다.

> 좋고 싫은 것을 없애 그 마음을 비우면 도가 와 머문다. 따라서 도의 집[道舍]이 된다. (四部叢刊本)

위의 언급에서 의미는 이미 완전해졌다. "심재(心齋)", "도사(道舍)"는 모두 집에 비유하여 도가 마음 가운데 내재함을 설명한 것이다. 『관자』「내업」에서도 역시 유사한 언급이 보인다.

> 내 안에 차분한 마음이 있으면 귀와 눈이 밝아지고, 사지가 견고해지니 정기가 머무는 집[精舍]이 될 수 있다. 정(精)이란 기의 정묘(精妙)함이다. 기가 스며들면 생명이 생겨나고, 생

명이 있으면 생각함이 있고, 생각함이 있으면 앎이 있고, 앎이 있으면 그칠 줄 알게 된다.

여기서 "정기의 집[精舍]"이란 곧 "도의 집[道舍]"이다. "기가 정밀하니" 도와 합할 수 있게 되는 것이다. 이 "정밀한 기"는 맹자가 말한 호연지기와 매우 흡사하다. 호연지기가 '옳음[義]과 도의 배합'이 아니겠는가? 『관자』「추언(樞言)」에 있는 다음 언급 또한 주목할 만하다.

하늘에 있는 도는 태양이요, 사람에게 있는 것은 마음이다.

윤지장(尹知章)은 이를 다음과 같이 주해했다.

마음이란 만물이 그것으로 인해 사려되고 모든 이치가 그것으로 인해 파악되는 것이니, 이보다 큰 것이 없다고 하겠다. 따라서 도라고 한다.

이 해석은 도와 마음을 동일시한 것이다.

지금까지 마음과 도의 관계에 대한 선진의 각 학파들의 견해를 살펴보았는데, 중국 고대의 철학적 돌파 이후 초월성의 도는 이미 사람들의 내심으로 흡수되었다는 점이 확실해졌다. 선진 지식인들은 도를 위해서이든 배움을 위해서이든 모두 "자기를 되돌아보는 것[反求諸己]"을 강조하였으며, '스스로 얻음[自得]'을 강조하였다. 이것이 내향 초월의 정확한 의미이다.[154]

그렇다고 해서 내향 초월이 '돌파' 시대에만 한정되는 것은 결코 아니다. 사실상 그것은 여기에서부터 견고한 전통을 형성하여 후세 지식인의 사유 방식을 지배했다. 불교는 원래 '외재 초월'의 형태였지만, 장기적인 중국화의 과정을 통해 내향 초월적인 중국 선종을 출현시켰다.[155] 송대 성리학의 흥기 이후, 도와 리(理)의 내향 초월적 성격은 보다 명확하게

154 나는 『從價值系統看中國文化的現代意義』에서 "내재 초월"이라는 용어를 사용한 적이 있다. 이는 서양 신학의 관념(internment transcendence)으로 나의 본의에는 부합하지 않기 때문에, 여기에서 "내향 초월"로 수정한다. - 원주(여영시 선생이 역자에게 "내재 초월"이 아니라 "내향 초월"로 번역을 부탁하였음은 이미 앞에서 밝혔다.)

155 불교의 종교적인 측면 혹은 타력 종교의 모습이 강한 정토종 등을 저자는 염두에 두고 있는 것으로 보인다. 독자는 가장 동아시아화 된 선종이 여러 불교 종파 중에서도 내향 초월의 성격이 강하다는 의미로 이해해야 한다. 선종의 '부처를 만나면 부처를 죽이고, 조사를 만나면 조사를 죽인다'는 정신을 상기하면 이해하기 쉽다.

발전하였고 더욱 완비되었다. 이 점은 주희의 언급을 인용하는 것으로 충분히 설명될 수 있다. 『주자어류(朱子語類)』 卷98에서 주희는 다음과 같이 말한다.

> 모든 것에는 마음이 있고 그 중심은 비어 있다. …(중략)… 사람의 마음 역시 그러하다. 단지 이 비어 있는 곳에 많은 이치가 들어 있어 천지에 차고 고금을 포괄할 뿐이다. 추급하여 광대하게 하면 하늘과 땅을 덮고, 이것으로 말미암지 않는 것이 없으니 사람의 마음이 오묘한 이유이다! 이치가 사람의 마음 안에 있는 것을 일러 본성이라고 한다. 본성은 마치 마음의 밭을 가득 매운 것과 같으니 이치일 뿐이다. 마음은 신명한 집이며, 몸의 주재자이다. 본성은 이치이니 하늘에서 얻어 마음에 갖추어진 것이다.

이 구절과 위에서 인용한 선진 시대 언급들을 비교해 보면 주희의 말이 보다 복잡하고 치밀할 뿐, 그 사이에는 일맥상통하는 흔적이 매우 분명하다.[156]

156 성리학의 "심" 관념에 대해서는 Wm. Theodore de Bary, *The Message of the Mind in Neo-Confucianism* (Columbia Univ. Press, 1989) 참조. - 원주.

중국 지식인은 도에 뜻을 두고 있다. 도리란 "하늘로부터 얻어 마음에 갖추어진" 것으로, '도를 구하고', '도를 얻는 데' 뜻을 둔 지식인들은 우선 자기의 내심을 반추하지 않을 수 없다. 마음은 "도의 집[道舍]"이자 "신명(神明)의 집"이며, 모든 지식인들의 '현실을 초월한[超世間]' 영역이다. 선종의 시 중에 이와 관련하여 기억나는 것이 있다.

> 신령한 산은 멀리서 구할 수 없으니, 신령한 산은 오직 내 마음에 있네.
>
> 사람마다 신령한 산을 가지고 있으니, 각자의 신령한 산을 향해 수도하네.

마음을 닦고 본성을 기르는 것은 중국 지식인들의 특징 중 하나이며, 이 관념은 또한 중국의 대중문화 속에 침투해있다. '외재 초월'의 서구문화에서 정신 수양은 주로 수도원의 수도사의 일이었으며, 세속의 지식인들은 그다지 수양을 추구하지 않았다. 근대 서구 지식인들은 언행이 일치하지 않고, 어떤 경우에는 사람들의 조롱을 받는 지경에까지 이르렀다.[157] 종교 개혁 이후 예수교의 수도사들은 세속 사람들을 인도하여 수행을 돕기도 하였지만, 반드시 은둔처를 찾았으며 그 기간도 몇 주에 불과했다. 서양에서 수행에 관한 가장 유명한 저작으로는 예수교의 창시자인 성 로욜라의 『정신수양(The Spiritual Exercise)』이 있다. 이 책과 선종 및 성리학의 어록을 비교해보면, 내향 초월과 외재 초월이 어떻게 다른지 알 수 있다. 일체의 도, 리는 모두 하나님, 예수, 성도에게 있으며, 사람의 외부에 존재한다. 한편 사람의 마음은 정욕과 죄악으로 가득 차 있다. 이런 언급은 얼마나 강렬한 대조인가![158]

중국 지식인이 특별히 정신 수양을 중시한 것은 주로 도의 장엄함과 순일(純一)함을 보장하기 위해서라고 말할 수 있다. 내향 초월의 중국 지식인들은 의지할 수 있는 교회가 없으며 의거할 수 있는 체계적인 종교 교리도 없다. 중국에서 정통과 이단의 구분에는 객관적인 기준이 결핍되어 있다. 주희와 육구연은 서로를 이단이라고 하지 않았던가? 양명과 그

157 Paul Johnson, *Intellectuals*, New York, 1988 참조. 이 글에서는 서구 현대 많은 저명한 사상가들의 언행 불일치 현상에 대해 논하였다.- 원주.

158 W. H. Longridge, *The Spiritual Exercise of Saint Ignatius of Loyola*, London, 1919. -원주 (기독교적 전통이 약한 중국인들에게 원죄 개념은 실제로 상당히 낯선 것이다. 이는 중국어권에서 여전히 기독교의 전파가 타 지역보다 늦는 이유 중의 하나라고 생각된다.)

문인들은 삼교합일을 주장하지 않았던가? 따라서 도에 대한 유일한 보장은 지식인의 내적 수양에 달려있다. 비록 그것이 참이든 거짓이든 간에 각자는 스스로 판단할 수밖에 없다.

그렇지만 중국 지식인들, 특별히 유가가 도를 강조했으며, 심지어 '도통(道統)'을 제창했다는 것은 또 다른 중요한 의의가 있다. 그들은 '현실을 초월한 도'로써 '현실의 권세 (주로 군주의 권력)'에 맞섰다. 맹자는 일찍이 다음과 같이 지적했다.

> 옛날 어진 왕들은 선을 좋아하여 세력을 잊었으니 고대의 어진 사(士)들이 어찌 그러지 않을 수 있었겠는가? 그 도를 즐거워하고 남의 세력을 잊었기 때문에 천자나 제후가 존경하고 예를 다하지 않고는 사를 자주 만나볼 수 없었던 것이다. 만나는 것조차 자주할 수 없었으니 그를 얻어 신하로 삼는 일에 있어서야. (『孟子』「盡心」上)

이렇듯 '도'와 '권세'의 긴장 관계는 맹자로부터 역사적 서막을 올리게 된다. 지식인들은 반드시 도에 대한 자부와 존중을 가지고 있기 때문에, 세상의 부귀를 얻으려고 높은 자들의 신복(臣僕)이 되지 않는다. 이것이 유가의 일관된 입장이다. 진대(陳代)가 맹자에게 어느 정도 자신의 이상을 실현할 수 있다고 제후를 알현할 것을 설득하면서, '한 자를 굽혀서 한 길을 편다'고 했으니 그렇게 함이 좋겠다고 하자, 맹자는 단호하게 대답한다.

> 만약 도를 굽혀 그를 따라간다면 또한 어찌 되겠는가? 이 또한 그대의 잘못이다! 자기를 굽히는 자가 남을 곧게 펴는 경우는 없다. (『孟子』「藤文公下」)[159]

맹자는 도를 중하게 여겼다.[160] 지식인의 가장 큰 약점은 현실적 권세의 유혹에 저항하지 못한다는 점이다. 그래서 공손추는 그에게 "만약 제왕이 당신에게 경상의 지위를 주어 도를 실행[行道]할 수 있게 된다면, 마음이 움직이겠는가?"라고 물었다. 맹자는 "그렇지 않다. 나는 사십 세에 부동심(不動心)의 경지에 이르렀다"라고 대답하였다(「公孫丑」上). 이어서 맹자는 그에게 어떻게 하면 "호연지기를 잘 길러",

159 맹자는 또 진대에게 "한 자를 굽혀서 한 길을 편다"는 것은 이익으로써 일을 도모하는 것에 불과함을 지적한다.

160 원문은 "맹자는 도를 억울하게 할 수 없었다"이지만 문맥에 맞게 윤색한다.

"부동심"의 경지에 오를 것인가를 강론했다. 이 대화문은 선진 지식인들의 "기를 다스리고 마음을 기르는 것"이 그들의 마음에 있는 도를 굳게 지키기 위함이었음을 가장 잘 설명해 준다. 이렇듯 현실을 초월한 도가 있었기에, 그들은 현실의 권세에 직면하여 흔들리지 않을 수 있었다. 순자 역시 다음과 같이 말한다.

> 뜻이 닦이면 부귀 앞에서도 떳떳할 수 있고, 도의가 중후해지면 천자나 제후조차 가볍게 여기게 된다. 안을 성찰하면 외물은 가벼워진다. …(중략)… 군자는 궁핍하다고 해서 도 깨우침을 게을리하지 않는다. (『荀子』「修身」)

여기에서 순자는 우리에게 지식인이라면 왜 반드시 수신해야 하는지, 왜 기를 다스리고 마음을 길러야 하는지 설명해 준다.

도통으로 치통(治統)을 굴복시키는 것은 후대 유가 지식인들이 가장 중시했던 바이다. 이것은 중국의 초월적 이상을 세상에 실현시킬 수 있는 유일한 길이다. 송명 성리학의 적극적 의의는 바로 여기에 있다. 여곤(呂坤)은 이를 아주 분명하게 설명하고 있다.

천지간에 이치[理]와 세력[勢]이 가장 존귀하지만, 그 중 이치가 더욱 존귀하다. 묘당에서 이치를 말하면 천자가 세력으로도 그것을 빼앗을 수 없다. 만약 빼앗긴다 해도 이치는 항상 천하 만세에 미치게 된다. 세력이란 제왕의 권(權)이요, 이치란 성인의 권(權)이다. 성인의 이치가 없으면 그 권이라는 것도 굴복될 수 있다. 그러니 이치란 세력이 그 존망을 의지하고 있는 것이다. 막대한 제왕의 세력으로 넘지 못할 것이 없어 보이지만, 유학자들이 물러서지 않고 감히 유도(儒道)의 남면을 자임하는 이유가 여기에 있다.

이치[理]의 존엄을 보장하기 위해 중국 지식인들은 심성의 수양을 말하지 않을 수 없었다. 그렇지 않으면 어떻게 이치가 세력에 의해 굴복당하지 않을 수 있겠으며, 어떻게 이치가 천하 만세에 펼쳐질 수 있겠는가? 이것이 전통문화의 구조 아래에서 '내향 초월' 문화권의 지식인들이 나아가야 하는 유일한 출구이다.

◐ 지은이 소개

여영시(余英時, 1930～)

'동서양을 모두 포괄하는 박학함과 탁월한 식견을 가진 석학'으로 불리는 여영시는 1930년 중국 톈진(天津)에서 태어났다. 20세에 옌칭대학(燕京大學)에 입학했으나 가족들을 만나기 위해 1950년 홍콩으로 건너갔다. 홍콩에서 그는 신설된 홍콩신아서원(香港新亞書院)에 입학했는데, 여기에서 그는 중국학의 대가인 첸무(錢穆)를 스승으로 모시면서 인생의 전환기를 맞이했다. 첸무의 추천으로 미국 하버드대학에서 공부하게 되었으며, 1962년에 "Views of Life and Death in Later Han China"라는 논문으로 박사학위를 받았다. 이후 미시간대, 하버드대, 예일대, 프린스턴대에서 교수직을 역임한 그는 사상사와 지성사, 동서 문화 비교 그리고 근대시기의 지식인 문제 등에 관심을 기울이면서, 동서양과 고금을 넘나드는 학문적 업적을 선 보였다. 『朱熹的歷史世界』, 『余英時文集』(전 10권), "*Trade and Expansion in Han China: a Study in the Structure of Sino-Barbarian Economic Relations*" 등의 걸출한 30여 권의 저서를 발표하면서, 학계의 주목을 받았다. 이런 공로로 그는 2006년 미국 국회도서관에서 인문학 분야에서 독보적인 업적을 이룬 사람에게 수여하는 클러지(Kluge) 상을 수상하였다. 클러지 상은 그 규모나 권위 면에서 인문학의 노벨상으로 불린다. 위잉스는 2005년 국내에서 열린 문명과 평화 국제 포럼에 참여하여 '중국과 서양의 대화'라는 주제로 강연하기도 했다. 현재 그는 한국학중앙연구원 국제자문위원, 중화민국 학술원 정회원, 프린스턴대학 명예교수이고, 84세의 고령임에도 불구하고 학문 연구에 진력하고 있다.

◐ 옮긴이 소개

김병환

서울대학교 윤리교육과 교수, 학과장, 사회교육연구소 소장. 유불도 삼교의 교섭과 융합 문제에 대해 연구 중이고, 사회문제에 대한 관심으로 시작한 학문 탐구 여정이 진화생물학에 이르렀다. 전통사상과 진화윤리학 간의 학제적 연구에도 관심을 갖고 있다. 유불도의 교섭과 통합 문제에 대한 연구 결과 중 하나가 「论太极图的起源」 『道家文化研究』(북경, 홍콩: 三聯書店, 2012)이다. 『道家文化研究』는 중국어권의 CSSCI 등재 학술지로 도가철학 분야의 세계적 권위를 가진 전문 학술지이다. 이외 『주희의 사유 세계: 주자학의 패권』(교육과학사, 2010), 『불씨잡변: 조선의 기획자 정도전의 사상 혁명』 (아카넷, 2013) 등 여러 단행본과 다수의 논문이 있다.

여영시의 동양문화 다시 읽기

2014년 6월 20일 1판 1쇄 인쇄
2014년 6월 25일 1판 1쇄 발행

지은이: 여 영 시
옮긴이: 김 병 환
펴낸이: 김 동 규
펴낸곳: 교육과학사

옮긴이와
협의하에
인지생략

경기도 파주시 문발동 광인사길 71
전화 • 031)955-6956~8 / 팩스 031)955-6037
Home-page • www.kyoyookbook.co.kr
E-mail • kyoyook@chol.com
등록 • 1970년 5월 18일 제2-73호

낙장 · 파본은 교환해 드립니다.
Printed in Korea.

정가 14,000원
ISBN 978-89-254-0830-9